100
recettes et menus

tome 3

Du même auteur
aux Éditions J'ai lu

Je mange donc je maigris, *J'ai lu* 7030
Recettes et menus Montignac, *J'ai lu* 7079
Comment maigrir en faisant des repas d'affaires, *J'ai lu* 7090
La méthode Montignac spécial femme, *J'ai lu* 7104
Je cuisine Montignac, *J'ai lu* 7121
Restez jeune en mangeant mieux, *J'ai lu* 7137
Recettes et menus Montignac – 2, *J'ai lu* 7164
Boire du vin en restant en bonne santé, *J'ai lu* 7188

MICHEL MONTIGNAC

100 recettes et menus

tome 3

Bienêtre

© Éditions Flammarion, 2007

SOMMAIRE

Introduction	11
I – LA MÉTHODE MONTIGNAC	15
Pourquoi grossit-on ?	17
Les principes diététiques de la méthode	33
Les principes culinaires de la méthode	38
II – DES MENUS POUR TOUS LES JOURS	45
Deux mois de menus Montignac	47
Menus spécial femme	68
III – LES 100 RECETTES	73

ENTRÉES

Soupes

Crème d'avocat au crabe	77
Mousse de concombre aux crevettes	78
Soupe d'avocat	79
Velouté de brocoli glacé	80
Soupe fraîche de concombre et pomme verte	81

Salades

Salade landaise	82
Salade d'épinards à la sévillane	83
Taboulé de quinoa	84

Salade de rillettes de thon 85
Mousse de chèvre en salade............................... 86
Blancs de poireaux à la vinaigrette..................... 87
Salade de spaghettis aux moules 88
Salade gourmande du Sud-Ouest 89
Mille-feuille de courgette................................... 90
Tomates au chèvre chaud................................... 91
Poivrons farcis au fromage de brebis................. 92
Gratin de courgette à la grecque 93
Mille-feuille de tomate et mozzarella 94

Terrines
Terrine de lentilles vertes................................... 95
Terrine de foie gras.. 96

Divers
Avocats farcis au thon 97
Saumon mariné à l'aneth................................... 98
Quinoa à la provençale...................................... 99
Quiche aux poireaux.. 101
Clafoutis d'oignons... 102
Tartare de magret de canard.............................. 103
Tartare de thon à l'aïoli...................................... 104

PLATS
Fruits de mer
Langoustines à la fondue de poireau 107
Timbales de Saint-Jacques aux gambas 108
Scampi à la marinade... 109
Gratinée de crevettes... 110
Poêlée de Saint-Jacques aux échalotes 111
Calmars à la provençale..................................... 112
Saint-Jacques aux champignons......................... 113
Courgettes farcies au crabe................................ 114

Poissons
Bouillabaisse de l'Atlantique 115
Filet de thon au gingembre 116
Filet de rouget à l'anchoïade 117
Filet de saumon à la crème d'olive 118
Tartare de saumon au chèvre frais 119
Dorade à l'andalouse 120
Lotte aux champignons et au vin rouge 121
Filet de thon à la tomate 122
Filet de saumon en papillotes 123
Thon à la tomate et aux olives 124
Cabillaud aux brocolis 126
Truites au vin blanc 127
Bar au fenouil 128
Lotte aux épinards 129
Brochettes aux deux poissons 130

Volailles
Foie gras poêlé aux raisins 131
Poulet aux pommes 133
Foies de volaille sautés au gingembre 134
Filet de poulet au curry 135
Blancs de poulet au parmesan 136
Foies de volaille à la provençale 137
Poulet au pastis et au fenouil 138
Confit de canard aux pommes 139

Viandes
Croque-aubergine 140
Champignons farcis 141
Côtes de veau aux deux poivrons 142
Gratin d'aubergine aux petits lardons 143
Gratin d'endives au jambon 145
Entrecôte marchand de vin 146
Côtes de porc aux lentilles vertes 147

Brochettes de filet mignon aux pruneaux 148
Onglet sur paillasson d'échalote 149
Bœuf au paprika 150
Carré d'agneau aux champignons 151
Piperade basque 152

Œufs
Omelette aux aubergines 153
Tortilla de légumes au chorizo 154
Omelette andalouse 155

Plats végétariens
Aubergines farcies à la provençale 156
Poivrons farcis au riz basmati 158
Brochettes de tofu 159
Chili végétarien 160
Tomates farcies végétariennes 161
Tofu aux lentilles vertes 162

DIVERS
Amuse-gueules
Endives au roquefort 167
Concombre aux anchois 167
Cubes de tortilla au thon 168

Accompagnements
Ratatouille Montignac 169
Tian à la provençale 170
Mange-tout aux petits lardons 171

Sauces
Sauce tomate à la bolognaise 172
Sauce tomate au basilic 173
Tapenade provençale 174

DESSERTS

- Flan aux pêches 177
- Fondant au chocolat amer 178
- Mousse au chocolat 179
- Bavarois aux fruits rouges 180
- Gâteau au fromage frais corse 181
- Compote à l'ancienne 182
- Mousse aux pruneaux 184
- Parfait au chocolat, aux framboises et à la pistache 185
- Sabayon de fruits aux amandes 186
- Gâteau au fromage de chèvre 188
- Cake aux trois fruits 189
- Clafoutis aux framboises 190
- Soupe de pêches au vin moelleux 191
- Gâteau aux abricots 192
- Gâteau de nectarines aux amandes 193

Index par produits 195

Les produits Michel Montignac© 203

Les autres livres de Michel Montignac 205

INTRODUCTION

Ce livre de recettes est le troisième d'une série lancée au début des années 1990[1]. Il vous propose plus de 100 recettes inédites et illustrées.

Comme les précédents, il est destiné à tous les adeptes de la méthode Montignac, qui trouveront dans cet ouvrage un champ d'application supplémentaire de la philosophie nutritionnelle à laquelle ils adhèrent.

Il est par ailleurs tout particulièrement indiqué pour ceux qui souhaitent découvrir les principes de la méthode en se lançant tout de suite dans les travaux pratiques plutôt que d'approfondir la théorie.

Mais ce livre s'adresse aussi à tous ceux, et plus précisément encore à toutes celles, qui ont envie de se mettre ou de se remettre à faire la cuisine sans pour autant se compliquer la vie. Ces recettes sont à la fois simples, pratiques, gastronomiques et salutaires.
• Elles sont simples, car elles mettent en œuvre des principes culinaires de base et, sauf exception, à la portée de tous, y compris des débutants.

---

[1]. Michel Montignac, *Recettes et menus Montignac*, J'ai lu, 2003.
Michel Montignac, *Recettes et menus Montignac vol. 2*, J'ai lu, 2004.
Disponibles aussi sur le site : www.montignac.com.

- Elles sont pratiques parce que l'essentiel des ingrédients qui les composent est courant et donc disponible partout. De plus, elles ne requièrent pas un matériel ou des ustensiles sophistiqués. L'équipement le plus élémentaire est amplement suffisant.
- Elles sont gastronomiques, en ce sens qu'elles s'inspirent largement de l'art culinaire provençal et plus généralement méditerranéen, dans lequel les plaisirs sensoriels, olfactifs, gustatifs et visuels sont omniprésents.
- Ces recettes sont enfin salutaires dans la mesure où elles sont conformes aux principes de la méthode Montignac, dont les études scientifiques (et notamment celles du Pr Dumesnil[1]) ont démontré que cette approche nutritionnelle était de nature à prévenir les pathologies métaboliques (obésité, diabète et facteurs de risques cardio-vasculaires).

La première partie de l'ouvrage est consacrée à un rappel des principes de la méthode Montignac. La lecture de cette synthèse pourra ainsi constituer une bonne piqûre de rappel pour tous ceux qui ont découvert la méthode Montignac il y a déjà de nombreuses années et qui profiteront alors de l'occasion pour actualiser leurs connaissances. Car la méthode n'a jamais cessé de progresser et de se perfectionner depuis son avènement en 1986. Si vous êtes un adepte de longue date, sachez que la notion de dissociation a totalement disparu de la méthode depuis le début des années 1990, et que son pilier central est désormais le concept d'index glycémique.

Si vous découvrez la méthode Montignac, la lecture attentive de cette synthèse fera office d'initiation. Vous pourrez toujours ultérieurement en approfondir la décou-

---

1. J.G. Dumesnil, « Effect of a low glycemic index-low fat-high protein diet (Montignac) on the atherogenic metabolic risk profile of abdominally obese men » in *British Journal of Nutrition*, novembre 2001.

verte et la compréhension en prenant connaissance des ouvrages plus spécialisés[1].

La deuxième partie du livre comporte 9 semaines d'exemples de menus quotidiens, intégrant notamment l'ensemble des recettes du livre. Vous trouverez par ailleurs un certain nombre de conseils spécifiques à la mise en œuvre de ces menus comme à la réalisation des recettes.

En troisième partie, vous retrouverez l'essentiel de cet ouvrage : les 100 recettes que j'ai le plaisir de vous proposer.

Je vous souhaite donc beaucoup de plaisir, à la fois pour la réalisation des recettes et pour leur dégustation.

---

1. Michel Montignac, *Je mange, je maigris et je reste mince !*, Flammarion, 2004. Michel Montignac, *La méthode Montignac illustrée*, Flammarion, 2006.

I – LA MÉTHODE MONTIGNAC

La méthode Montignac est un programme d'amaigrissement et de stabilisation du poids dont le principe de base est le bon choix des aliments. Ce n'est pas un régime, car elle ne comporte pas de restrictions quantitatives. C'est une philosophie nutritionnelle, un véritable style de vie dont l'objectif est une meilleure santé.

POURQUOI GROSSIT-ON ?

Notre époque est celle des paradoxes ! D'une part, l'espérance de vie des hommes ne cesse d'augmenter et d'autre part, leur santé ne cesse de se détériorer. Il y a deux raisons à cela.

La première est d'ordre génétique. Autrefois, en vertu de la loi de Darwin, seuls les individus les plus résistants survivaient et engendraient une descendance physiquement robuste.

Aujourd'hui, grâce aux progrès de la médecine moderne, tout le monde survit. La sélection naturelle ne se faisant plus, l'espèce humaine est de plus en plus fragile, les organismes sont beaucoup moins résistants et donc plus vulnérables.

La deuxième raison pour laquelle l'espèce humaine est aujourd'hui en mauvaise santé, c'est parce que la qualité nutritionnelle de notre alimentation s'est considérablement dégradée depuis cinquante ans, du fait de son industrialisation. De plus, force est de constater que cette même période a été dominée par une lente dérive de nos habitudes alimentaires, ce qui s'est traduit par une modification à notre insu de la nature de ce que nous mangeons.

L'augmentation phénoménale des maladies métaboliques (obésité, diabète, affections cardio-vasculaires) au cours de ces dernières décennies n'est là que pour nous le confirmer.

L'épidémie d'obésité mondiale

En juin 1997, l'OMS (l'Organisation mondiale de la santé) s'est enfin décidée à tirer la sonnette d'alarme en dénonçant l'augmentation de l'obésité dans le monde, telle une véritable épidémie. Le monde entier est désormais concerné. Les pays industrialisés (et en particulier les États-Unis) mais aussi tous les pays en voie de développement.

En 1910, la proportion d'obèses était à peu près la même partout. Elle était de 3 % pour les États-Unis et l'Allemagne et de 2 % pour les autres pays européens y compris la France, ce qui correspondait à peu près à ce qu'elle avait été depuis des siècles. Or vingt-cinq ans plus tard, en 1935, la proportion d'obèses avait quasiment doublé partout sauf aux États-Unis où elle avait triplé. Après la Seconde Guerre mondiale, non seulement la tendance à la hausse s'est confirmée, mais elle s'est accentuée d'une manière inquiétante pour les États-Unis dont le pourcentage d'obèses était déjà de 16 %.

L'OBÉSITÉ MONDIALE EN 1997 (OMS)

- États-Unis : 33 %
- Allemagne : 22 %
- Inde : 20 %
- Royaume-Uni : 16 %
- Espagne : 9 %
- France : 8,5 %

La prise de conscience de 1997 par l'OMS ne semble pas avoir changé grand-chose. Car dix ans après, en 2007, la situation est pire encore. Les États-Unis affichent désormais 36 % d'obèses dans leur population et la France est, selon la dernière enquête officielle ObEpi (obésité épidémiologique) publiée en septembre 2006 à 12,4 %, soit pour notre pays une augmentation de 47 % en dix ans !

L'OBÉSITÉ CHEZ LES JEUNES

L'obésité est encore plus préoccupante pour les jeunes générations. L'obésité infantile a augmenté ces dix dernières années de 22 % en France, 40 % en Grande-Bretagne, 60 % aux États-Unis, mais aussi, ce qui est plus surprenant, de 53 % au Japon, 75 % à Singapour et 250 % en Chine.

Comment a-t-on pu en arriver là ? Qu'ont fait les autorités sanitaires de ces différents pays pour enrayer cette progression ?

Le message nutritionnel officiel depuis 50 ans

Depuis un demi-siècle, il existe un message nutritionnel officiel. Ce message, qui prit naissance d'abord aux États-Unis dans les années 1930 avant d'être adopté partout, est fondé sur une hypothèse qui consiste à penser que si les gens sont de plus en plus gros, c'est pour deux raisons :

- ils mangent trop (en calories), et notamment trop gras ;
- ils ne se dépensent pas assez. Les gens sont en effet devenus trop sédentaires et ne font pas assez d'exercice physique pour dépenser les calories qu'ils consomment.

Il en résulte un déséquilibre entre les entrées (d'énergie) et les sorties.

À partir de cette hypothèse, il a été fait deux recommandations :
• manger moins (en calories) pour prévenir la prise de poids ;
• adopter un régime hypocalorique pour maigrir.

Et dans les deux cas, il est aussi recommandé de se dépenser plus en faisant de l'exercice physique.

C'est donc ce que l'on a fait, pas seulement aux États-Unis – où un tiers de la population suit des régimes hypocaloriques du 1er janvier au 31 décembre –, mais aussi dans tous les autres pays, européens notamment, où l'on entendait limiter l'augmentation du surpoids général de la population et *a fortiori* de l'obésité.

Or, depuis plus d'un demi-siècle que cette théorie de l'équilibre énergétique est officiellement et largement pratiquée, la prévalence de l'obésité a été multipliée par quatre. On peut donc légitimement s'interroger sur sa validité.

Examen de l'hypothèse nutritionnelle officielle

Depuis une vingtaine d'années, de nombreuses études épidémiologiques ont permis de se faire une idée sur l'efficacité éventuelle des recommandations nutritionnelles officielles. Là encore, nous constatons de nombreux paradoxes.

1 – La consommation énergétique moyenne quotidienne dans les pays industrialisés a diminué de 30 à 35 % depuis un demi-siècle.

Paradoxalement, la prévalence de l'obésité a augmenté de plus de 300 % sur la même période. En France, la diminution des apports énergétiques est de 36 % depuis 1960 et de 50 % depuis 1935.

2 – L'obèse ne mange pas plus que les normo-pondéraux.

Ce serait même l'inverse. Les statistiques du Pr Creff montrent d'ailleurs que 51 % des obèses mangent moins et même beaucoup moins.

3 – L'obèse n'a pas de dépenses énergétiques inférieures.

Contrairement à ce que l'on a cru pendant longtemps. C'est même le contraire, l'obèse a une dépense énergétique plus élevée qu'une personne comparable (taille, âge), du fait de sa surcharge.

4 – De nombreux obèses ont une dépense physique importante.

Dans les pays occidentaux, les paysans, les artisans et les ouvriers sont plus gros que ceux qui travaillent dans les bureaux. En Russie, 56 % des femmes de plus de 30 ans sont obèses, alors que leurs apports énergétiques quotidiens sont faibles (1 500 Kcal environ) et que la plupart d'entre elles travaillent physiquement.

5 – Les pauvres sont majoritairement plus gros et obèses, alors qu'ils ne mangent pas plus que la moyenne.

C'est le cas dans tous les pays occidentaux, et particulièrement aux États-Unis. À l'inverse, plus les gens sont riches, plus ils sont minces.

6 – De nombreux pays en voie de développement ont des taux d'obésité (et de diabète) alarmant.

C'est le cas de l'Inde, où plus de 20 % de la population est obèse, alors que les Indiens – qui sont de plus en plus nombreux – ne mangent pas plus qu'avant.

EN CONCLUSION

Il n'y a pas de corrélation entre la quantité de calories ingérées en moyenne quotidiennement par une population donnée et le niveau de corpulence de cette même population. En d'autres termes, le facteur énergétique n'est pas déterminant dans la prise de poids.

La spécificité nutritionnelle d'un aliment

L'hypothèse nutritionnelle de l'équilibre énergétique entre les apports caloriques d'un côté et les dépenses de l'autre paraît donc totalement erronée. La grande erreur a été de considérer que toutes les calories calculées « dans l'assiette » avaient la même valeur et se retrouvaient automatiquement disponibles dans l'organisme. Or, à la lumière des connaissances actuelles de la physiologie digestive des aliments et de la nature des mécanismes métaboliques qui en découlent, on comprend aujourd'hui comment les choses fonctionnent réellement. On a donc ainsi montré que ce qui est important dans l'aliment ce n'est pas sa **QUANTITÉ** (mesurée en calories), mais sa **QUALITÉ**, c'est-à-dire sa **spécificité nutritionnelle**.

La spécificité nutritionnelle d'un aliment est déterminée par trois critères :
- son **contenu nutritionnel**, à la fois en macronutriments (glucide, lipide, protéine) et en micronutriments

(vitamines, sels minéraux, oligo-éléments, fibres, acides gras essentiels) ;
- son **taux d'absorption intestinale** qui mesure la biodisponibilité nutritionnelle de l'aliment ;
- son **potentiel métabolique** qui mesure l'ampleur des réponses glucidiques et insuliniques, ainsi que l'incidence sur la thermogénèse (dépense énergétique provoquée par la digestion).

200 Kcal de pommes de terre ne sont pas 200 Kcal de lentilles

Prenons deux assiettes.

Dans la première, nous allons mettre 220 g de pommes de terre, soit 200 Kcal.

Dans la seconde, nous allons mettre 180 g de lentilles (cuites), soit 200 Kcal.

Pour un nutritionniste traditionnel, ces deux portions d'aliments sont nutritionnellement identiques, même si le poids des lentilles est légèrement inférieur. Car les pommes de terre et les lentilles sont deux glucides, et de surcroît des glucides complexes. Dès lors que le contenu calorique (glucidique) est le même (200 Kcal), que l'on mange l'un ou l'autre revient au même pour le nutritionniste traditionnel, car ces deux portions sont pour lui interchangeables.

La réalité physiologique est tout à fait différente. Voyons ce qu'il en est :

Consommation des 200 Kcal de pommes de terre

Compte tenu de la nature de l'amidon de la pomme de terre (forte proportion d'amylopectine/faible proportion d'amylose), la digestion de la pomme de terre par les enzymes digestives (hydrolisation) est de l'ordre de 80 %.

Cela signifie que 80 % des 200 Kcal d'amidon sont transformés en glucose, lequel traverse la barrière intestinale pour se retrouver dans le sang.

Comme nous le savons, la glycémie (à jeun) est environ de 1 g de glucose (sucre) par litre de sang. Or, dès qu'un glucide est consommé, celui-ci, après avoir été transformé en glucose, se retrouve dans le sang. Lorsque le pic de glycémie est atteint, il entraîne une sécrétion d'insuline en rapport, destinée à faire baisser la glycémie.

Le glucose est ainsi stocké dans le foie et les tissus musculaires (glycogène), où il pourra être utilisé ultérieurement comme carburant.

Ainsi, dans le cas de la pomme de terre, la digestion des 200 Kcal d'amidon se traduit par une augmentation importante de la glycémie suivie par une sécrétion importante d'insuline. Dans la mesure où 80 % d'amidon ont été transformés en glucose, on peut considérer que 160 Kcal sont disponibles (en termes d'énergie) dans l'organisme par rapport aux 200 Kcal qui étaient dans l'assiette.

Consommation des 200 Kcal de lentilles

Compte tenu de la nature de l'amidon des lentilles (faible proportion d'amylopectine/forte proportion d'amylose), la digestion des lentilles par les enzymes digestives (hydrolisation) n'est que de l'ordre de 20 %.

Cela signifie que 20 % seulement des 200 Kcal d'amidon sont transformés en glucose, lequel traverse la barrière intestinale pour se retrouver dans le sang.

Il s'ensuit donc une très faible augmentation de la glycémie suivie d'une sécrétion d'insuline très basse, voire nulle.

Dans la mesure où 20 % seulement d'amidon ont été transformés en glucose, on peut considérer que 40 Kcal seulement sont disponibles (en termes d'énergie) dans l'organisme, par rapport aux 200 Kcal qui étaient dans l'assiette.

La première observation qui saute aux yeux c'est donc que, en consommant 200 Kcal de lentilles, l'énergie réellement disponible dans l'organisme est quatre fois inférieure à ce que nous obtenons avec la consommation d'une portion calorique identique de pommes de terre.

En d'autres termes, les calories alimentaires calculées dans l'assiette n'ont rien à voir avec celles qui sont réellement disponibles dans l'organisme après la digestion. Pour un aliment comparable, cela peut aller du simple au quadruple.

Deux glucides ne sont pas interchangeables

Les réponses métaboliques qui suivent la consommation de ces deux portions caloriques identiques de pommes de terre et de lentilles sont totalement différentes, très forte pour les pommes de terre et très faible pour les lentilles. D'autant que chacune de ces réponses métaboliques va entraîner à son tour d'autres conséquences métaboliques, qui pourront se traduire soit par une prise de poids, soit inversement par une perte de poids.

Dans le cas de la pomme de terre, compte tenu de l'importante glycémie et de la forte réponse insulinique, il est probable que l'excès de glucose (par rapport aux besoins en glycogène) fasse l'objet d'une transformation en graisse et d'un stockage, d'où une prise de poids. Et si des lipides ont été consommés au même repas, une partie de ces acides gras risquent fort d'être transformés en graisse de réserve du fait de l'hyperinsulinisme, entraînant une prise de poids supplémentaire.

Dans le cas des lentilles, la faible glycémie (quatre fois inférieure à celle des pommes de terre) est sans doute suffisante pour satisfaire les besoins en glycogène. Par ailleurs, étant donné la faible réponse insulinique, ni le glucose (puisqu'il n'y en a pas en excès) ni les lipides d'accompagnement ne pourront faire l'objet du moindre stockage en graisses de réserve.

Les acides gras seront donc normalement utilisés pour les besoins énergétiques de l'organisme. Et dans l'hypothèse où ils seraient importants, l'organisme se débrouillerait aussi pour les brûler en augmentant sa DEPP (dépense énergétique post-prandiale). Mais dans l'hypothèse où ces acides gras seraient insuffisants, l'organisme mettrait automatiquement en route une autre voie métabolique (la lipolyse) consistant à puiser son énergie dans les graisses de réserve, entraînant ainsi un amaigrissement.

Par ailleurs, la consommation des pommes de terre se traduisant par une hyperglycémie et un hyperinsulinisme, le niveau de satiété n'est pas satisfaisant et il existe un **risque d'hypoglycémie réactionnelle** au bout d'environ deux heures, dont les principaux symptômes sont la fatigue (coup de pompe) et la faim. D'où une tentation de grignoter.

Au contraire, ce risque n'existe pas avec les lentilles, dont la consommation apporte une excellente satiété, laquelle se prolonge jusqu'au repas suivant. Il n'y a dans ce cas aucun risque d'hypoglycémie réactionnelle, du fait de la faible sécrétion d'insuline.

En conclusion, nous pouvons dire que contrairement à ce que les nutritionnistes ont longtemps cru, deux glucides ne sont pas interchangeables. Plus un amidon est résistant, moins l'absorption du glucose est importante (du fait de sa faible biodisponibilité) et paradoxalement, plus le niveau de satiété est élevé. On pourrait aussi ajouter que moins il y a de risque de prendre du poids, quelle que soit la consommation conjointe de lipides.

C'est pourquoi il importe désormais de choisir les glucides en conséquence à partir d'un nouveau critère : l'index glycémique.

« SUCRES LENTS » ET « SUCRES RAPIDES » : UNE NOTION ERRONÉE !

Depuis longtemps, les nutritionnistes classent les glucides en deux catégories : les glucides simples (ou « sucres à absorption rapide », sucres rapides) et les glucides complexes (ou « sucres à absorption lente », sucres lents). Or, il a été démontré depuis plus de quinze ans que cette classification est totalement erronée ! Les expérimentations ont en effet montré que tous les glucides, qu'ils soient simples ou complexes, étaient absorbés dans le même laps de temps (environ une demi-heure) et que l'erreur avait été commise en confondant la vitesse de vidange digestive avec la vitesse d'absorption.

L'index glycémique (IG)

La classification des glucides doit donc désormais se faire en fonction de leur pouvoir hyperglycémiant qui correspond, comme nous l'avons vu précédemment, au taux d'absorption de leurs sucres, qu'ils soient simples ou complexes. Cette nouvelle classification se fait à partir de la notion d'index glycémique.

L'index glycémique d'un glucide mesure sa biodisponibilité sur une échelle de valeur construite à partir du glucose pur (100 % biodisponible) auquel on a donné la valeur 100. Tous les glucides ont donc été mesurés par rapport à leur pouvoir hyperglycémiant comparé à celui du glucose.

C'est ainsi que sur l'échelle des index glycémiques, les pommes de terre frites se retrouvent à 95, alors que les lentilles ont seulement un index de 30.

Si l'on observe attentivement le tableau des index glycémiques, on remarque que tous les aliments de la page 22 (glucides à IG élevés) sont des aliments soit raffinés (farine, sucre, riz...) soit transformés industriellement (corn flakes, riz soufflé, amidons modifiés, barres énergétiques...), soit des aliments « nouveaux », c'est-à-dire qui ne sont régulièrement consommés que depuis moins de deux siècles, comme les pommes de terre, les farines blanches ou encore le sucre.

Or, il faut bien admettre que tous ces aliments sont précisément ceux qui sont majoritairement consommés aujourd'hui dans la plupart des pays occidentaux et qui, progressivement, dans le cadre de la mondialisation, envahissent les habitudes alimentaires des autres pays.

Inversement, si l'on observe la page 23, c'est-à-dire celle des index glycémiques bas, force est de constater que les aliments qui y sont listés correspondent, pour la plupart, soit à des produits qui ne sont plus guère consommés de nos jours (pain intégral, céréales complètes, farines non raffinées, riz complet...), soit à des aliments dont la consommation est de plus en plus rare (lentilles, haricots secs, pois cassés, pois chiches...) ou encore trop faible (fruits, légumes verts...). Or ce sont tous des aliments qui étaient majoritairement consommés autrefois, il y a même seulement une cinquantaine d'années.

L'hyperinsulinisme

Une alimentation constamment hyperglycémiante (basée sur la consommation de glucides à IG élevés), ce qui correspond à l'alimentation moderne, entraîne à terme un hyperinsulinisme, à savoir une sécrétion excessive d'insuline, l'une des hormones clés du métabolisme.

Or il a été montré que l'hyperinsulinisme est non seulement responsable de la prise de poids (notamment par un stockage préférentiel des lipides consommés conjointement), mais qu'il est aussi un facteur de développement du diabète et d'un certain nombre d'affections cardio-vasculaires (cholestérol, hypertension, triglycérides...).

TROP DE GLUCOSE FAIT GROSSIR

Compte tenu de sa sédentarité, l'individu moderne n'a besoin que de très peu de glucose. Or, en consommant des glucides à IG élevés, il en apporte paradoxalement plus que ne le faisaient ses ancêtres en consommant des glucides à IG bas, alors que ses besoins sont moindres.

Ce glucose excédentaire est alors automatiquement transformé en graisse, ce qui se traduit par une prise de poids.

Glucides à index glycémique élevé (IG > 55)

Maltose (bière)	110	Céréales raffinées sucrées	70
Glucose	100	Barres chocolatées	70
Pomme de terre au four	95	Pomme de terre bouillie pelée	70
Pomme de terre frite	95	Colas, sodas	70
Farine de riz	95	Biscuits	70
Amidons modifiés	95	Maïs moderne	70
Purée de pomme de terre	90	Riz blanc	70
Chips	90	Nouilles, ravioles	70
Miel	85	Raisin sec	65
Pain blanc (hamburger)	85	Pain bis	65
Carotte cuite*	85	Pomme de terre cuite dans la peau	65
Corn flakes, pop-corn	85	Betterave	65
Riz à cuisson rapide	85	Confitures sucrées	65
Gâteau de riz	85	Semoule raffinée (blé dur)	60
Riz soufflé	85	Riz long	60
Fève cuite	80	Banane	60
Potiron*	75	Melon*	60
Pastèque*	75	Spaghettis blancs bien cuits	55
Sucre (saccharose)	70	Biscuit sablé	55
Pain blanc (baguette)	70		

Glucides à index glycémique bas (IG < 50)

Aliment	IG	Aliment	IG
Riz complet (brun)	50	Laitages	30
Riz basmati long	50	Lentilles brunes, jaunes	30
Patate douce	50	Pois chiche	30
Pâtes complètes (blé entier)	50	Autres fruits frais (clémentine, poire, pamplemousse, fruit de la passion)	30
Céréales complètes sans sucre	45	Haricot vert	30
Pain de seigle intégral	45	Vermicelles de soja	30
Spaghettis *al dente*	45	Marmelade sans sucre	30
Flocons d'avoine	40	Lentille verte	22
Pumpernickel	40	Flageolet	22
Pain 100 % intégral	40	Pois cassé	22
Glace aux alginates	40	Chocolat noir (> 70 % cacao)	22
Pâtes intégrales *al dente*	40	Fructose	20
Figue séchée, abricot sec	35	Soja	15
Petit pois frais	40	Cacahuète, amande, noisette	15
Maïs ancestral (indien)	35	Abricot frais	15
Haricot rouge	40	Légumes verts, salade, tomate	< 15
Riz sauvage	35	Aubergine, courgette, ail, oignon…	< 15
Quinoa	35		
Haricot sec blanc	30		
Carotte crue	30		

Vous pouvez retrouver l'index glycémique de nombreux autres aliments sur le site www.montignac.com

* Bien qu'ayant un IG élevé, ces aliments ont un contenu en glucide pur très faible 5 % environ). Leur consommation en quantité normale devrait donc avoir un effet négligeable sur la glycémie.

Les principes diététiques de la méthode

La méthode Montignac est d'abord une manière différente de s'alimenter. Contrairement à ce que certains détracteurs ont voulu laisser entendre, elle ne peut être considérée comme un régime, car elle ne comporte pas de restriction quantitative. Elle conduit simplement à recentrer les habitudes alimentaires : on **ne va pas manger moins, on va manger mieux !**

Elle consiste principalement à choisir les aliments selon leur spécificité nutritionnelle et leur potentiel métabolique.

Le choix des aliments

Les glucides

Ils seront majoritairement choisis parmi ceux dont l'IG est bas afin d'empêcher l'élévation excessive de la glycémie, laquelle induit une réponse insulinique critique qui déclenche le mécanisme de la prise de poids. Mais l'expérience a montré que la consommation de glucides à IG inférieur ou égal à 35 (voir tableau p. 31-32) conduisait à l'amaigrissement et à la diminution des facteurs de risque du diabète et des affections cardio-vasculaires. La pérennisation des résultats est ensuite obtenue en maintenant une résultante glycémique moyenne au cours des repas.

Les lipides

Les graisses seront majoritairement choisies parmi les acides gras mono-insaturés (huile d'olive, graisses d'oie et de canard) et les polyinsaturés animaux (graisse de poisson oméga-3). Ces acides gras favorisent la perte de poids et contribuent à diminuer les facteurs de risque cardio-vasculaire contrairement aux graisses saturées (beurre, margarine, gras de viande, saindoux...).

Les protéines

Elles seront choisies en fonction de leur origine (animale, végétale) et en fonction de leur neutralité par rapport à la réponse insulinique. Elles seront par ailleurs consommées en quantité suffisante (environ 30 % des apports énergétiques totaux). Les protéines permettent une meilleure satiété et contribuent à augmenter la dépense énergétique de base.

UNE EFFICACITÉ PROUVÉE SCIENTIFIQUEMENT

La méthode Montignac tire sa légitimité de la synthèse de nombreuses études scientifiques publiées depuis une vingtaine d'années, mais aussi du témoignage de dizaines de milliers de personnes, y compris de médecins prescripteurs en France comme dans une quarantaine de pays.

Elle s'inscrit dans un courant de pensée scientifique international dont quelques grands épidémiologistes sont les leaders, le Pr Walter Willett de la Harvard Medical School, par exemple.

La méthode Montignac a fait ses preuves en termes d'efficacité (à court et long terme) et d'effets secondaires bénéfiques, comme l'ont montré des études spécifiques (étude canadienne du Pr Dumesnil publiée en novembre 2001 dans le *British Journal of Nutrition*).

Elle est aujourd'hui la seule solution crédible à la diététique hypocalorique, celle du désespoir et de l'échec que l'on nous a proposée jusqu'alors et dont les recommandations nutritionnelles sont, selon le Pr Willett, en grande partie responsables de l'explosion de l'obésité dans le monde.

Les deux phases de la méthode

Phase I : la phase d'amaigrissement

Elle est variable selon l'importance de la surcharge. Outre le choix judicieux des graisses et des protéines, elle consiste surtout à ne consommer (en ce qui concerne les glucides) que des aliments dont l'index glycémique (IG) est inférieur ou égal à 35. L'objectif consiste à induire à la fin de chaque repas la réponse insulinique la plus basse possible. Non seulement cela supprime toute possibilité de stockage (lipogenèse), mais inversement, cela active le processus de déstockage des graisses de réserve (lipolyse) qui sont brûlées par augmentation de la dépense énergétique (thermogenèse).

Phase II : la phase de stabilisation et de prévention

Le choix des glucides sera toujours fait en fonction de leur IG, mais il sera plus large qu'en phase I.

Ces choix pourront même être affinés par l'utilisation d'un nouveau concept, celui de la charge glycémique (synthèse entre l'IG et la concentration en glucide pur de l'aliment) et surtout celui de la **résultante glycémique** (RG) du repas. Cela permet ainsi la consommation dans certaines conditions de tous les glucides, y compris ceux dont l'IG est élevé.

LA RÉSULTANTE GLYCÉMIQUE (RG)

La RG est l'élévation moyenne de la glycémie obtenue à la fin d'un repas complexe, du fait de l'interaction entre les différents aliments qui l'ont composé.

Ce nouveau concept sert de guide dans la phase II. Grâce à lui, il est alors possible d'ingérer un glucide à IG élevé dans un repas, tout en neutralisant une partie importante de ses effets sur la glycémie, à condition de consommer préalablement des glucides à IG très bas pour créer un phénomène de compensation.

On peut ainsi considérer qu'en phase II, tous les aliments, sans exclusion aucune, peuvent être consommés.

La structure des repas

Le principe de base consiste à faire trois repas par jour :
- un petit déjeuner ;
- un déjeuner ;
- un dîner.

Il y a deux types de repas : le repas lipido-protéique et le repas glucido-protéique.

Le repas lipido-protéique (ou lipidique)
Il contient des protéines et des graisses (viandes, œufs, fromages…), mais aussi des glucides dont l'index glycémique est obligatoirement inférieur ou égal à 35.

Le repas glucido-protéique (ou glucidique)
Il est essentiellement constitué de glucides dont l'index glycémique est compris entre 35 et 50 (spaghettis par exemple). Outre les protéines déjà présentes dans les glucides, on peut en ajouter d'autres, à condition qu'elles

ne contiennent pas de graisses saturées (jambon de poulet ou de dinde, viande des Grisons…). Les seules graisses autorisées dans un repas glucidique sont les graisses oméga-3 (poissons crus, pochés ou cuits à la vapeur) et dans une moindre proportion les graisses mono-insaturées (filet d'huile d'olive sur les spaghettis).

L'équilibre se fera (sauf exception) sur la journée :
• Le petit déjeuner sera glucido-protéique (voir p. 47).
• Le déjeuner, s'il est le repas principal, sera lipido-protéique et comprendra :
– une entrée (crudités) ;
– un plat principal composé de protéines et de lipides (viandes, volailles, poisson, œufs) et d'un glucide à IG inférieur ou égal à 35 (légumes verts, lentilles, haricots, pois…) ;
– un dessert composé soit de fruits, de fromage, soit d'une préparation (gâteau, entremets…) dont l'IG est inférieur ou égal à 35.
• Le dîner sera par principe plus léger et, trois fois sur cinq, de type **glucido-protéique**, il comprendra :
– une entrée (optionnelle), soupe de légumes par exemple ;
– un plat glucidique (spaghettis, lentilles, riz…) ;
– un dessert (optionnel) : fruits, yaourt à 0 %.

Mais il est tout à fait possible d'intervertir les types de repas sur la journée, notamment en raison de contraintes professionnelles, en faisant du dîner le repas principal, le déjeuner devenant ainsi plus léger.

Les principes culinaires de la méthode

Toutes les recettes de ce livre sont conformes à la méthode Montignac. Ce sont toutes des recettes de phase I, c'est-à-dire qu'elles peuvent être utilisées d'emblée dans la phase d'amaigrissement.

Ainsi, aucune d'elles ne contient de mauvais glucides (glucides à IG élevé). Au contraire, les ingrédients qui sont proposés – de même que les accompagnements – ont un index glycémique bas et même très bas (inférieur ou égal à 35).

Par ailleurs, à quelques exceptions près, toutes les recettes de ce livre sont d'inspiration méditerranéenne et en particulier provençale. J'aime beaucoup la cuisine du soleil. C'est un penchant que j'ai toujours eu, mais j'ai pu en découvrir toutes les subtilités et en apprécier les parfums incomparables pendant de nombreuses années, ayant eu la chance de vivre dans le sud-est de la France et de passer mes vacances en Corse. C'est aussi une cuisine simple, rapide et facile à faire, dont les saveurs sont appréciées par tout le monde, quelle que soit sa culture. Enfin, c'est une cuisine saine, c'est-à-dire dont les ingrédients sont largement bénéfiques pour la santé, notamment dans le cadre de la prévention des maladies métaboliques (obésité, diabète, affections cardio-vasculaires).

Les 3 mauvais élèves de la cuisine traditionnelle

Comme vous le remarquerez rapidement, trois ingrédients majeurs de la cuisine traditionnelle sont totalement absents de ces recettes, y compris et surtout des pâtisseries : la farine blanche, le sucre et le beurre.

La farine et le sucre
Ils sont naturellement évités parce que ce sont des glucides à index glycémique très élevé.

Le beurre
Il est exclu, car c'est une mauvaise graisse (acides gras saturés), en particulier quand il est cuit. Pourtant, tous les livres de cuisine ou presque proposent le beurre comme graisse de cuisson. Même dans les grands classiques de la cuisine provençale, le beurre est souvent indiqué dans un grand nombre de recettes. Le beurre était autrefois un produit rare et cher, donc noble. La cuisine au beurre était alors le privilège des riches (aristocrates puis bourgeois) et fut par conséquent largement développée par les cuisiniers à leur service. La tradition gastronomique française, héritée de cette époque, est donc principalement fondée sur une cuisine au beurre.

Si le beurre peut être acceptable sur le plan nutritionnel (à raison de 10 à 20 g par jour) quand il est consommé cru ou légèrement fondu, cela n'est pas du tout le cas dès lors qu'il est cuit.

Le beurre est essentiellement formé de graisses saturées, composées d'acides gras à « chaîne courte » qui ont l'avantage d'être vite dégradés par les enzymes de l'intestin grêle. C'est pourquoi le beurre frais est plutôt facile à digérer. Mais dès qu'ils atteignent une température de 100 °C, ces fameux acides gras à chaîne courte sont progressivement détruits. Voilà pourquoi le beurre cuit est indigeste, puisqu'il ne peut plus être dégradé normalement par les enzymes de l'intestin grêle.

Il constitue par ailleurs un facteur de risque supplémentaire pour la santé. Car outre l'incidence négative sur le cholestérol et le risque d'encrassement des artères, le beurre cuit (à partir de 120 °C) produit de l'acroléine, reconnue comme une substance cancérigène.

Or dès que l'on met une noix de beurre dans une cocotte ou une poêle sur le feu, pour l'exécution d'une recette traditionnelle, la température monte rapidement à 160 ou 180 °C, voire plus, ce qui est donc une température tout à fait rhédibitoire pour le beurre.

Il n'en est pas de même pour d'autres graisses que nous recommandons chaleureusement : l'huile d'olive et la graisse d'oie ou de canard.

L'huile d'olive

Citée constamment dans la Bible, l'huile d'olive était un aliment essentiel dans la civilisation antique. Nos ancêtres s'en servaient non seulement pour se nourrir et s'éclairer, mais aussi pour se soigner. Mais pendant de longs siècles, elle est restée le corps gras du pauvre des pays du pourtour méditerranéen. Au milieu du XXe siècle, elle est même presque tombée en désuétude, ayant été supplantée par les corps gras « modernes » que sont les huiles de tournesol, de maïs et les margarines.

Après avoir ainsi passé quelques siècles à l'écart de la cuisine occidentale, l'huile d'olive est apparue en force depuis quelques décennies dans nos pratiques culinaires. Elle a ainsi petit à petit retrouvé ses lettres de noblesse grâce à son aura de santé, redécouverte notamment à la lueur d'études scientifiques sur le fameux régime méditerranéen, mais aussi grâce au talent de grands chefs, comme Alain Ducasse.

La température critique de l'huile d'olive (ou moment où elle se met à fumer) est beaucoup plus élevée que pour les autres types d'huile. Ainsi, selon son taux d'acidité, elle peut être chauffée jusqu'à 230 °C, alors que l'huile d'arachide ne peut dépasser les 200 °C, l'huile de tournesol 170 °C, et le beurre 110 °C seulement.

L'huile d'olive est donc délibérément omniprésente dans ce livre de recettes où on l'utilisera à chaud comme à froid.

La graisse d'oie (ou de canard)

D'aucuns seront peut-être surpris que l'on puisse faire l'apologie d'une telle graisse alors que pendant longtemps, les nutritionnistes nous ont dit que les bonnes graisses étaient végétales et les mauvaises animales. Or il a été scientifiquement démontré depuis longtemps que cette dichotomie était totalement fausse.

Certaines graisses végétales, comme l'huile de palme, sont néfastes car hypersaturées, alors que certaines graisses animales sont hautement bénéfiques, ce qui est le cas des graisses d'oie et de canard. Ces graisses ont en fait la même structure chimique que l'huile d'olive. Elles sont en effet essentiellement composées d'acide oléique, un acide gras mono-insaturé.

La graisse d'oie a donc deux avantages majeurs. Elle a les mêmes propriétés que l'huile d'olive (point de fusion très élevé, facteur de prévention cardio-vasculaire...) et elle confère aux préparations des saveurs exceptionnelles qui en font des plats de haut niveau gustatif.

La crème de soja

Dans un grand nombre de recettes, il vous est proposé, en lieu et place de la crème fraîche liquide, d'utiliser de la crème de soja. Ce produit permet de faire une sauce crémeuse en évitant les graisses saturées de la crème fraîche. Il convient bien aux légumes et aux poissons. Si on l'utilise avec les viandes, il vaut mieux en rehausser le goût avec de la graisse d'oie.

Le seul inconvénient de la crème de soja, c'est qu'elle tourne vite en faisant des grumeaux si elle est cuite à feu fort ou pendant trop longtemps. Elle résiste donc mal aux mijotages. Ainsi, il vaut mieux l'ajouter en fin de cuisson ou dans une sauce cuite au bain-marie. Un conseil : déglacez d'abord le plat de cuisson avec un peu d'eau et ajoutez ensuite la crème en chauffant très légèrement (toute petite flamme ou bain-marie), sans cuire.

La gastronomie nutritionnelle

Ce livre de recettes, comme les précédents, s'inspire largement du concept de « gastronomie nutritionnelle » que je développe depuis plus de vingt ans.

Jusqu'alors, le paysage alimentaire était divisé en deux camps dont chaque représentant considérait la frontière avec un manichéisme exacerbé. Il y avait d'un côté le monde rabelaisien de la « grande bouffe », celui des banquets interminables, des plats regorgeant de victuailles bien grasses et bien goûteuses. C'était celui des « bons vivants », dont on mesurait la joie de vivre et le bien-être existentiel à leur face rubiconde et à l'ampleur de leur tour de taille. C'était le monde privilégié de la gastronomie d'abondance, des gourmets et des gourmands qui creusaient avec insouciance et épicurisme leur tombe avec leur fourchette.

Et puis, de l'autre côté, il y avait (et il y a encore) le monde puritain et sadomasochiste de la diététique conventionnelle, celui des interdits, des portions frugales symboliques et surtout hypocaloriques, des aliments inodores, insipides et sans saveur, celui des coupe-faim des sachets de protéines et des substituts de repas. C'était (et c'est encore) le monde de ceux pour qui manger est quasiment un péché. C'est le monde des tristes, des rabat-joie et des trouble-fête, des empêcheurs de manger à sa faim, ceux qui s'efforcent de vous donner mauvaise conscience, ceux dont la seule vue suffit à vous couper l'appétit. En d'autres termes, c'est le monde de ceux qui, sous le prétexte de vous prolonger la vie, vous empêchent tout simplement de vivre.

La « gastronomie nutritionnelle » est une tentative de réconciliation des deux frères ennemis. C'est un moyen terme entre la débauche alimentaire et l'ascétisme. Elle procède d'abord de l'idée que manger, outre sa nécessité physiologique, doit être un plaisir, que c'est un acte qui doit faire partie de la qualité de la vie. Elle dénonce toute approche restrictive conduisant à la privation de nourriture et condamne sévèrement toute pratique consistant à tromper la faim et à prétendre satisfaire néanmoins aux besoins du corps par des artifices tels que les substituts de repas.

LE BON SENS ALIMENTAIRE

La « gastronomie nutritionnelle », c'est le « manger bon », le « manger plaisir » et le « manger sain ». C'est le retour à un certain bon sens alimentaire.

C'est le « manger intelligent » qui consiste à garder le meilleur de la tradition gastronomique tout en s'inspirant des connaissances scientifiques nutritionnelles actuelles qui remettent en cause les idées reçues d'une diététique totalement dépassée. C'est la conciliation du « manger bon » et du « manger sain ».

II – DES MENUS POUR TOUS LES JOURS

Vous trouverez ci-après 8 semaines de menus Montignac composés de l'ensemble des recettes de ce livre. Tous ces menus sont conformes aux principes de la méthode Montignac. Ils ont un caractère essentiellement indicatif et montrent en effet comment répartir les choix alimentaires sur la journée et la semaine, de manière à aboutir à une alimentation équilibrée (30 % de protéines, 30 % de lipides et 40 % de glucides), compte tenu aussi des apports du petit déjeuner qui sont majoritairement glucidiques.

Deux mois de menus Montignac

Le petit déjeuner

Les menus ci-après ne donnent des indications que pour l'organisation des repas principaux : déjeuner et dîner. Le repas du matin a été volontairement occulté, car à quelques variantes près, il est toujours à peu près le même.

Il est important cependant qu'il soit organisé conformément aux principes de la méthode Montignac[1].

Il sera essentiellement de nature glucido-protéique. Il comportera ainsi :

Des glucides à index glycémique bas
- fruits ;
- pain intégral[2], crakers de seigle avec 24 % de fibres, Pumpernickel ;
- céréales brutes sans sucre ;
- confitures sans sucre[3].

---

1. Pour plus de détails, consultez les livres de Michel Montignac : *Je mange, je maigris et je reste mince !*, Flammarion, 2004. *La méthode Montignac pour les femmes*, Flammarion, 2004. *La méthode Montignac illustrée*, Flammarion, 2006.
2. Voir le site www.montignac.com pour se procurer du pain intégral.
3. Voir le site www.montignac.com pour se procurer des confitures sans sucre.

Des protéines
- yaourt à 0 % de MG ;
- fromage à 0 % de MG ;
- jambon de poulet ou de dinde ;
- saumon fumé ou mariné.

Une boisson

Le café décaféiné, le café arabica, le cacao, la chicorée, le lait écrémé, le lait de soja et d'amande, le thé et les tisanes et les jus de fruits frais avec la pulpe (éviter les jus industriels reconstitués et sucrés) sont recommandés.

- Le sucre et toutes les graisses saturées (beurre notamment) seront impérativement évités.

Le déjeuner

C'est le repas le plus important. Il est selon la terminologie Montignac « lipido-protéique », c'est-à-dire qu'il contient des lipides (généralement de bonnes graisses), des protéines dont l'origine est diverse (viandes, poissons, œufs, fromage...) et des glucides (légumes, légumineuses, céréales, fruits dont l'index glycémique est inférieur ou égal à 35).

Le déjeuner est habituellement composé de trois plats :
- Une entrée : dans presque tous les cas, c'est un légume, une crudité notamment.
- Un plat : composé d'une viande, d'un poisson ou d'une préparation aux œufs, accompagné d'un légume cuit.
- Un dessert : qui tourne autour de quatre formules au choix :
  – un fromage accompagné d'une salade ;

– un fruit ou une préparation à base de fruits ;
– un yaourt ;
– une pâtisserie « Montignac », c'est-à-dire sans farine, sans graisses saturées (beurre) et sans sucre (remplacé éventuellement par du fructose).

Le dîner

Les repas du soir sont à la fois plus légers, c'est-à-dire moins copieux, et leur contenu en glucides est plus important. Trois dîners par semaine sont d'ailleurs **glucido-protéiques** (GP), ils ne contiennent pas de graisse, sauf s'il s'agit de graisses de poissons ou d'une quantité symbolique d'huile d'olive.

La journée du dimanche comporte toujours des repas plus festifs et copieux que les autres jours de la semaine, ce qui est conforme à la tradition familiale française.

Le dîner, dont la composante glucidique est toujours plus importante, ne comporte que deux plats : un plat principal et un dessert, car par principe, et sauf exception, le repas du soir doit être plus léger.

BON À SAVOIR

• Ces menus sont indicatifs, ce qui veut dire que non seulement les jours peuvent être intervertis, mais il est aussi toujours possible d'intervertir le déjeuner avec le dîner.

- Le déjeuner ou le dîner peuvent être remplacés par un snack Montignac et notamment :
  - Un sandwich au pain intégral à index glycémique très bas comportant des crudités et/ou du saumon fumé ou des protéines sans graisses comme le jambon de poulet ou de dinde, ou encore du blanc d'œuf dur.
  - Des fruits frais ou secs que l'on pourra accompagner de noisettes, de noix et en particulier d'amandes.

Menus

Semaine 1

	> Filet de saumon à la crème d'olive (voir p. 118)	> Côtes de porc aux lentilles vertes (voir p. 147)	> Poêlée de Saint-Jacques aux échalotes (voir p. 111)
	LUNDI	**MARDI**	**MERCREDI**
PETIT DÉJEUNER	• Voir p. 47	• Voir p. 47	• Voir p. 47
DÉJEUNER	• Tomates à la mozzarella • Filet de saumon à la crème d'olive (voir p. 118) • Épinards • Fromage	Concombre à la crème de soja • Côtes de porc aux lentilles vertes (voir p. 147) • Fruits rouges	• Salade d'endives aux noix • Poêlée de Saint-Jacques aux échalotes (voir p. 111) • Petits pois • 2 ou 3 carrés de chocolat à plus de 70 % de cacao
DÎNER	Spaghettis à la sauce tomate au basilic (voir p. 173) • Yaourt GP	Blancs de poulet au parmesan (voir p. 136) • Salade verte • Œufs au lait au fructose	• Tomates farcies végétariennes (voir p. 161) • Riz basmati • Compote GP
GP : repas glucido-protéiques			

> Crème d'avocat au crabe (voir p. 77)	> Filet de poulet au curry (voir p. 135)	> Taboulé de quinoa (voir p. 84)	> Gâteau de nectarines aux amandes (voir p. 193)
JEUDI	**VENDREDI**	**SAMEDI**	**DIMANCHE**
• Voir p. 47	• Voir p. 47	• Voir p. 47	• Voir p. 47
• Crème d'avocat au crabe (voir p. 77) • Cabillaud aux brocolis (voir p. 126) • Fromage blanc égoutté	• Salade d'épinards à la sévillane (voir p. 83) • Filet de poulet au curry (voir p. 135) • Yaourt	• Taboulé de quinoa (voir p. 84) • Filet de thon à la tomate (voir p. 122) • Salade • Fromage	• Salade landaise (voir p. 82) • Carré d'agneau aux champignons (voir p. 151) • Salade verte • Fromage • Gâteau de nectarines aux amandes (voir p. 193)
• Omelette aux champignons • Salade verte • Fromage	• Poivrons farcis au fromage de brebis (voir p. 92) • Pomme au four GP	• Jambon de pays • Tian à la provençale (voir p. 170) • Cake aux trois fruits (voir p. 189)	• Terrine de lentilles vertes (voir p. 95) • Œufs à la coque • Yaourt
GP : repas glucido-protéiques			

Semaine 2

	> Mange-tout aux petits lardons (voir p. 171)	> Filet de thon au gingembre (voir p. 116)	> Chili végétarien (voir p. 160)
	LUNDI	**MARDI**	**MERCREDI**
PETIT DÉJEUNER	• Voir p. 47	• Voir p. 47	• Voir p. 47
DÉJEUNER	• Salade d'endives aux noix • Côte de porc • Mange-tout aux petits lardons (voir p. 171) • Œufs au lait au fructose	• Carottes râpées citronnées • Filet de thon au gingembre (voir p. 116) • Fromage blanc	• Radis • Foies de volaille à la provençale (voir p. 137) • Yaourt
DÎNER	• Spaghettis à la sauce tomate au basilic (voir p. 173) • Pomme au four GP	• Taboulé de quinoa (voir p. 84) • Saumon fumé • Yaourt	• Chili végétarien (voir p. 160) • Compote GP
GP : repas glucido-protéiques			

> Omelette aux aubergines (voir p. 153)	> Soupe fraîche de concombre et pomme verte (voir p. 81)	> Mousse aux pruneaux (voir p. 184)	> Terrine de foie gras (voir p. 96)
JEUDI	**VENDREDI**	**SAMEDI**	**DIMANCHE**
• Voir p. 47	• Voir p. 47	• Voir p. 47	• Voir p. 47
• Concombre en salade • Bœuf au paprika (voir p. 150) • Brocolis • Fraises nature	• Velouté de brocoli glacé (voir p. 80) • Brochettes aux deux poissons (voir p. 130) • Haricots verts • Yaourt de soja	• Gratin de courgette à la grecque (voir p. 93) • Filet de rouget à l'anchoïade (voir p. 117) • Mousse aux pruneaux (voir p. 184)	• Terrine de foie gras (voir p. 96) • Saint-Jacques aux champignons (voir p. 113) • Clafoutis aux framboises (voir p. 190)
• Omelette aux aubergines (voir p. 153) • Salade verte • Fromage	• Soupe fraîche de concombre et pomme verte (voir p. 81) • Jambon de dinde • Lentilles • Poire pochée GP	• Soupe de poireau • Œuf sur le plat • Salade verte • Fruits rouges	• Champignons farcis (voir p. 141) • Salade • Fromage

GP : repas glucido-protéiques

Semaine 3

	LUNDI	MARDI	MERCREDI
	> Spaghettis à la sauce tomate au basilic (voir p. 173)	> Framboises nature	> Soupe d'avocat (voir p. 79)
PETIT DÉJEUNER	• Voir p. 47	• Voir p. 47	• Voir p. 47
DÉJEUNER	• Chou rouge en salade • Foie de veau persillé • Haricots verts • Fruit	• Salade grecque (tomates + feta) • Tranche de gigot • Flageolets • Yaourt	• Soupe d'avocat (voir p. 79) • Thon à la tomate et aux olives (voir p. 124) • Brocolis • Salade • Fromage
DÎNER	• Spaghettis à la sauce tomate au basilic (voir p. 173) • Yaourt GP	• Artichaut cuit à la vapeur • Omelette au fromage • Framboises nature	• Lentilles vertes • Saumon cuit à la vapeur • Compote GP

GP : repas glucido-protéiques

> Foies de volaille sautés au gingembre (voir p. 134)	> Poivrons farcis au riz basmati (voir p. 158)	> Poulet au pastis et au fenouil (voir p. 138)	> Fondant au chocolat amer (voir p. 178)
JEUDI	**VENDREDI**	**SAMEDI**	**DIMANCHE**
• Voir p. 47	• Voir p. 47	• Voir p. 47	• Voir p. 47
• Champignons de Paris à la vinaigrette • Foies de volaille sautés au gingembre (voir p. 134) • Purée de céleri • Compote	• Blancs de poireaux à la vinaigrette (voir p. 87) • Lotte aux épinards (voir p. 129) • Œufs au lait au fructose	• Clafoutis d'oignons (voir p. 102) • Poulet au pastis et au fenouil (voir p. 138) • Gâteau au fromage de chèvre (voir p. 188)	• Tartare de magret de canard (voir p. 103) • Bar au fenouil (voir p. 128) • Brocolis • Fondant au chocolat amer (voir p. 178)
• Carottes râpées citronnées • Truite pochée • Brocolis • Yaourt	• Poivrons farcis au riz basmati (voir p. 158) • Pruneaux GP	• Gratinée de crevettes (voir p. 110) • Salade verte • Fromage	• Aubergines farcies à la provençale (voir p. 156) • Compote à l'ancienne (voir p. 182)

GP : repas glucido-protéiques

Semaine 4

	> Cabillaud aux brocolis (voir p. 126)	> Quiche aux poireaux (voir p. 101)	> Filet de thon à la tomate (voir p. 122)
	LUNDI	**MARDI**	**MERCREDI**
PETIT DÉJEUNER	• Voir p. 47	• Voir p. 47	• Voir p. 47
DÉJEUNER	• Avocats à la vinaigrette • Cabillaud aux brocolis (voir p. 126) • Salade verte • Framboises	• Céleri rémoulade (céleri-rave, yaourt à 0 % et moutarde) • Omelette andalouse (voir p. 155) • Salade verte • Fromage	• Cœurs de palmier • Filet de thon à la tomate (voir p. 122) • Brocolis • Yaourt
DÎNER	• Spaghettis à la sauce tomate au basilic (voir p. 173) • Compote de pommes GP	• Avocat à la vinaigrette • Quiche aux poireaux (voir p. 101) • Pêche	• Omelette de blancs d'œufs à la tomate et au jambon de dinde • Germes de soja • Jus de citron GP
GP : repas glucido-protéiques			

> Onglet sur paillasson d'échalote (voir p. 149)	> Blancs de poireaux à la vinaigrette (voir p. 87)	> Croque-aubergine (voir p. 140)	> Clafoutis aux framboises (voir p. 190)
JEUDI	**VENDREDI**	**SAMEDI**	**DIMANCHE**
• Voir p. 47	• Voir p. 47	• Voir p. 47	• Voir p. 47
• Carottes râpées citronnées • Onglet sur paillasson d'échalote (voir p. 149) • Haricots verts • Œufs au lait au fructose	• Blancs de poireaux à la vinaigrette (voir p. 87) • Foies de volaille à la provençale (voir p. 137) • Salade verte • Fromage	• Mille-feuille de courgette (voir p. 90) • Calmars à la provençale (voir p. 112) • Compote à l'ancienne (voir p. 182)	• Saumon mariné à l'aneth (voir p. 98) • Confit de canard aux pommes (voir p. 139) • Clafoutis aux framboises (voir p. 190)
• Carpaccio de bœuf • Salade verte • Fromage	• Soupe au chou (chou, tomate, céleri, bouillon de volaille dégraissé) • Filet de saumon cuit à la vapeur • Brocolis • Poire pochée GP	• Croque-aubergine (voir p. 140) • Mousse aux pruneaux (voir p. 184)	• Gratin d'endives au jambon (voir p. 145) • Fruit

GP : repas glucido-protéiques

Semaine 5

	> Côtes de veau aux deux poivrons (voir p. 142)	> Aubergines farcies à la provençale (voir p. 156)	> Sabayon de fruits aux amandes (voir p. 186)
	LUNDI	**MARDI**	**MERCREDI**
PETIT DÉJEUNER	• Voir p. 47	• Voir p. 47	• Voir p. 47
DÉJEUNER	• Salade de chou-fleur • Côtes de veau aux deux poivrons (voir p. 144) • Salade verte • Fromage	• Blancs de poireaux à la vinaigrette (voir p. 87) • Truite aux amandes • Brocolis • Fromage blanc en faisselle	• Salade de spaghettis aux moules (voir p. 88) • Entrecôte marchand de vin (voir p. 146) • Endives braisées • Sabayon de fruits aux amandes (voir p. 186)
DÎNER	• Poivrons farcis au riz basmati (voir p. 158) • Pomme au four GP	• Aubergines farcies à la provençale (voir p. 156) • Yaourt	• Tomates farcies végétariennes (voir p. 161) • Fromage blanc GP
GP : repas glucido-protéiques			

> Tartare de saumon au chèvre frais (voir p. 119)	> Mille-feuille de tomate et mozzarella (voir p. 94)	> Tortilla de légumes au chorizo (voir p. 154)	> Bavarois aux fruits rouges (voir p. 180)
JEUDI	**VENDREDI**	**SAMEDI**	**DIMANCHE**
• Voir p. 47	• Voir p. 47	• Voir p. 47	• Voir p. 47
• Soupe d'avocat (voir p. 79) • Tartare de saumon au chèvre frais (voir p. 119) • Salade verte • Fraises nature	• Mille-feuille de tomate et mozzarella (voir p. 94) • Omelette au fromage • Salade verte • Yaourt	• Mousse de chèvre en salade (voir p. 86) • Piperade basque (voir p. 152) • Salade verte • Fromage	• Salade gourmande du Sud-Ouest (voir p. 89) • Poêlée de Saint-Jacques aux échalotes (voir p. 111) • Bavarois aux fruits rouges (voir p. 180)
• Œufs sur le plat • Ratatouille (voir p. 169) • Fruit	• Spaghettis à la sauce tomate au basilic (voir p. 173) • Compote de pommes GP	• Tortilla de légumes au chorizo (voir p. 154) • Salade verte • Fromage	• Tofu aux lentilles vertes (voir p. 162) • Fruit
GP : repas glucido-protéiques			

Semaine 6

	> Lentilles	> Quiche aux poireaux (voir p. 101)	> Foie gras poêlé aux raisins (voir p. 131)
	LUNDI	**MARDI**	**MERCREDI**
PETIT DÉJEUNER	• Voir p. 47	• Voir p. 47	• Voir p. 47
DÉJEUNER	• Salade de pois chiches • Steak tartare • Salade verte • Fromage	• Céleri rémoulade (céleri-rave, yaourt à 0 % et moutarde) • Foie de veau persillé • Petits pois • Yaourt	• Velouté de brocoli glacé (voir p. 80) • Foie gras poêlé aux raisins (voir p. 131) • Salade • Fromage
DÎNER	• Lentilles aux oignons et à la tomate • Yaourt GP	• Quiche aux poireaux (voir p. 101) • Salade verte • Fromage	• Spaghettis à la sauce tomate au basilic (voir p. 173) • Compote de pommes GP
GP : repas glucido-protéiques			

> Omelette andalouse (voir p. 155)	> Brochettes de tofu (voir p. 159)	> Mousse de concombre aux crevettes (voir p. 78)	> Mousse au chocolat (voir p. 179)
JEUDI	**VENDREDI**	**SAMEDI**	**DIMANCHE**
• Voir p. 47	• Voir p. 47	• Voir p. 47	• Voir p. 47
• Carottes râpées à la vinaigrette • Filet de poulet au curry (voir p. 135) • Salade verte • Fruit	• Salade d'endives aux noix • Timbales de Saint-Jacques aux gambas (voir p. 108) • Fenouil braisé • Gâteau au fromage frais corse (voir p. 181)	• Mousse de concombre aux crevettes (voir p. 78) • Poulet aux pommes (voir p. 133) • Salade • Fromage de chèvre	• Tartare de thon à l'aïoli (voir p. 104) • Langoustines à la fondue de poireau (voir p. 109) • Mousse au chocolat (voir p. 179)
• Omelette andalouse (voir p. 155) • Salade verte • Fraises nature	• Carottes râpées citronnées • Brochettes de tofu (voir p. 159) • Yaourt GP	• Thon à la tomate et aux olives (voir p. 124) • Salade • Œufs au lait au fructose	• Gratin d'aubergine aux petits lardons (voir p. 143) • Pomme au four

GP : repas glucido-protéiques

Semaine 7

	> Mille-feuille de tomate et mozzarella (voir p. 94)	> Flan aux pêches (voir p. 177)	> Blancs de poireaux à la vinaigrette (voir p. 87)
	LUNDI	**MARDI**	**MERCREDI**
PETIT DÉJEUNER	• Voir p. 47	• Voir p. 47	• Voir p. 47
DÉJEUNER	• Mille-feuille de tomate et mozzarella (voir p. 94) • Côte de porc • Flageolets • Yaourt	• Chou rouge en salade • Foies de volaille sautés au gingembre (voir p. 134) • Salade • Fromage	• Blancs de poireaux à la vinaigrette (voir p. 87) • Filet de thon à la tomate (voir p. 122) • Œufs au lait au fructose
DÎNER	• Soupe au chou (chou, tomate, céleri, bouillon de volaille dégraissé) • Blancs d'œufs pochés dans la soupe ou cuits à part (2 ou 3 par personne) GP	• Salade grecque (tomates + feta) • Jambon de pays • Flan aux pêches (voir p. 177)	• Lentilles vertes • Riz basmati • Yaourt GP

GP : repas glucido-protéiques

> Salade de rillettes de thon (voir p. 85)	> Filet de saumon en papillotes (voir p. 123)	> Omelette aux aubergines (voir p. 153)	> Brochettes de filet mignon aux pruneaux (voir p. 148)
JEUDI	**VENDREDI**	**SAMEDI**	**DIMANCHE**
• Voir p. 47	• Voir p. 47	• Voir p. 47	• Voir p. 47
• Salade de rillettes de thon (voir p. 85) • Lotte aux champignons et au vin rouge (voir p. 121) • Salade • Fromage	• Asperges à la vinaigrette • Filet de saumon en papillotes (voir p. 123) • Fromage blanc égoutté	• Tomates au chèvre chaud (voir p. 91) • Dorade à l'andalouse (voir p. 120) • Framboises nature	• Avocats farcis au thon (voir p. 97) • Brochettes de filet mignon aux pruneaux (voir p. 148) • Gâteau aux abricots (voir p. 192)
• Courgettes farcies au crabe (voir p. 114) • Clafoutis aux framboises (voir p. 190)	• Spaghettis à la purée de champignons (purée de champignons, 1 yaourt à 0 % de MG et des épices) • Fromage • Coulis de framboise GP	• Omelette aux aubergines (voir p. 153) • Pomme au four	• Chili végétarien (voir p. 160) • Fruit
GP : repas glucido-protéiques			

Semaine 8

	> Ratatouille Montignac (voir p. 169)	> Tartare de saumon au chèvre frais (voir p. 119)	> Mille-feuille de tomate et mozzarella (voir p. 94)
	LUNDI	**MARDI**	**MERCREDI**
PETIT DÉJEUNER	• Voir p. 47	• Voir p. 47	• Voir p. 47
DÉJEUNER	• Champignons de Paris en salade • Steak grillé • Ratatouille Montignac (en garder pour manger froide le lendemain) (voir p. 169) • Pomme	• Frisée aux lardons (sans croûtons) • Tartare de saumon au chèvre frais (voir p. 119) • Salade • Framboises nature	• Mille-feuille de tomate et mozzarella (voir p. 94) • Côtes de veau aux deux poivrons (voir p. 142) • Salade verte • Fromage
DÎNER	• Poivrons farcis au riz basmati (voir p. 158) • Yaourt GP	• Ratatouille froide (voir p. 169) • Œufs sur le plat • Pêche au vin	• Spaghettis à la sauce tomate au basilic (voir p. 173) • Compote de pommes GP
GP : repas glucido-protéiques				

> Truites au vin blanc (voir p. 127)	> Terrine de lentilles vertes (voir p. 95)	> Parfait au chocolat, aux framboises et à la pistache (voir p. 185)	> Soupe de pêches au vin moelleux (voir p. 191)
JEUDI	**VENDREDI**	**SAMEDI**	**DIMANCHE**
• Voir p. 47	• Voir p. 47	• Voir p. 47	• Voir p. 47
• Blancs de poireaux à la vinaigrette (voir p. 87) • Truites au vin blanc (voir p. 127) • Brocolis • Yaourt	• Terrine de lentilles vertes (voir p. 95) • Bouillabaisse de l'Atlantique (voir p. 115) • Salade • Fromage	• Quinoa à la provençale (voir p. 99) • Onglet sur paillasson d'échalote (voir p. 149) • Salade verte • Fromage	• Soupe fraîche de concombre et pomme verte (voir p. 81) • Scampi à la marinade (voir p. 109) • Soupe de pêches au vin moelleux (voir p. 191)
• Soupe de légumes (sans pomme de terre) • Croque-aubergine (voir p. 140) • Yaourt	• Riz basmati au tamari (sauce soja pure) • Jambon de dinde • Poires pochées GP	• Truites au vin blanc (voir p. 127) • Parfait au chocolat, aux framboises et à la pistache (voir p. 185)	• Tagliatelles complètes à la sauce bolognaise (voir p. 172) • Fromage blanc 0 % à la crème de soja
GP : repas glucido-protéiques			

Menus spécial femme

Les femmes qui travaillent et qui, pour la plus grande majorité, ne peuvent pas rentrer à la maison pour déjeuner, ont toujours beaucoup de mal à trouver de quoi manger correctement sur leur lieu de travail. Un certain nombre d'entre elles disposent d'un restaurant d'entreprise, mais malgré la variété des plats présentés dans ces cantines ou cafétérias, les aliments proposés sont pour la plupart de qualité médiocre et surtout sont cuisinés selon des processus industriels qui sont contraires aux recommandations de la méthode Montignac (maintien en température pendant longtemps, utilisation de mauvaises graisses…).

C'est pourquoi de nombreuses femmes préfèrent avec raison recourir à la formule du « lunch box », qui consiste à emporter leur repas sur leur lieu de travail après l'avoir soigneusement préparé à la maison.

Outre le fait que cette solution est beaucoup plus économique que de manger à la cafétéria, elle offre une meilleure gestion de son équilibre alimentaire sur la journée, en évitant l'improvisation de dernière minute. Cette solution permet en tout cas de faire les meilleurs choix alimentaires par rapport aux objectifs pondéraux que l'on poursuit, que ce soit la prévention de la prise de poids ou même l'amaigrissement.

Le tableau ci-après est un exemple de menus sur une semaine d'une alimentation équilibrée qui respecte bien les préférences féminines :
- plutôt poisson que viande ;
- plutôt viande blanche que viande rouge ;
- des légumes variés (crus et cuits), ainsi que de bons glucides (index glycémique bas).

BON À SAVOIR

Les repas de midi ont l'avantage de pouvoir être mangés froids ou chauds, selon les possibilités de réchauffage sur le lieu de travail. Ils sont riches en protéines, alors que dans les menus du dîner ce sont plutôt les glucides qui dominent. Comme toujours dans la méthode Montignac, les bonnes graisses sont largement majoritaires (huile d'olive, oméga-3).

Menus spécial femme

	> Spaghettis à la sauce tomate au basilic (voir p. 173)	> Taboulé de quinoa (voir p. 84)	> Framboises nature
	LUNDI	**MARDI**	**MERCREDI**
PETIT DÉJEUNER	• Voir p. 47	• Voir p. 47	• Voir p. 47
DÉJEUNER	• Salade de tomates • Blanc de poulet cuit à la vapeur • Brocolis • Yaourt	• Concombre à la crème de soja • Pavé de saumon cuit à la vapeur • Pois chiches • Pomme	• Carottes râpées citronnées • Jambon de dinde • Lentilles vertes • Framboises nature
DÎNER	• Spaghettis à la sauce tomate au basilic (voir p. 173) • Compote de pommes GP	• Taboulé de quinoa (voir p. 84) • Yaourt	• Soupe au chou (chou, tomate, céleri, bouillon de volaille dégraissé) • 2 blancs d'œufs pochés • Yaourt GP
GP : repas glucido-protéiques			

> Ratatouille Montignac (voir p. 169)	> Lentilles vertes	> Chili végétarien (voir p. 160)	> Tian à la provençale (voir p. 170)
JEUDI	**VENDREDI**	**SAMEDI**	**DIMANCHE**
• Voir p. 47	• Voir p. 47	• Voir p. 47	• Voir p. 47
• Chou rouge en salade • Œuf dur • Ratatouille Montignac (voir p. 169) • Fraises nature	• Céleri rémoulade (céleri-rave, yaourt à 0 % et moutarde) • Thon au naturel • Haricots verts • Œufs au lait au fructose	• Avocat à la vinaigrette • Aubergines farcies à la provençale (voir p. 156) • Salade verte • Fromage • Pomme	• Salade grecque (tomates + feta) • Dorade à l'andalouse (voir p. 120) • Tian à la provençale (voir p. 170) • Gâteau au fromage de chèvre (voir p. 188)
• Quinoa à la provençale (voir p. 99) • Fromage blanc à la crème de soja	• Lentilles vertes et riz basmati • Yaourt GP	• Chili végétarien (voir p. 160) • Compote à l'ancienne (voir p. 182) GP	• Quiche aux poireaux (voir p. 101) • Salade verte • Pêche au vin
GP : repas glucido-protéiques			

III – LES 100 RECETTES

Toutes ces recettes sont compatibles avec la phase I de la méthode Montignac. Elles sont simples et faciles à mettre en œuvre. La grande majorité d'entre elles ne demande pas plus de 15 à 20 minutes de préparation.

Entrées

Crème d'avocat au crabe

Temps de préparation : 20 minutes
Temps de réfrigération : 1 heure
Ingrédients pour 4 personnes

- 3 beaux avocats bien mûrs
- Le jus d'1 citron vert
- 1 petite échalote
- 2 cuillerées à soupe de crème fraîche allégée (ou de crème de soja)
- 1 cuillerée à soupe de concentré de tomate
- 1 goutte de sauce Worcestershire
- 50 cl de bouillon de volaille dégraissé froid
- 1 pointe de piment de Cayenne
- 200 g de crabe en boîte
- Piment doux
- 4 petits oignons avec leur tige verte (pour la décoration)
- Sel, poivre

Coupez les avocats en deux. Dénoyautez-les et placez la chair dans le bol d'un mixeur. Ajoutez le jus de citron et mixez jusqu'à obtenir une mousse bien onctueuse.

Hachez l'échalote et versez-la dans le bol du mixeur avec la crème fraîche, le concentré de tomate, la sauce Worcestershire et le bouillon de volaille. Ajoutez le piment de Cayenne, le sel et le poivre. Actionnez à nouveau l'appareil pour obtenir une crème bien homogène. Réservez au frais pendant 1 heure.

Égouttez le crabe et ôtez les parties cartilagineuses si nécessaire.

Au moment de servir, versez la soupe fraîche et recouvrez le dessus de miettes de crabe. Saupoudrez légèrement de piment doux et disposez les oignons sur le dessus.

Mousse de concombre aux crevettes

Temps de préparation : 20 minutes
Ingrédients pour 4 personnes

- 2 gros concombres
- 2 échalotes émincées
- 50 cl de bouillon de volaille dégraissé froid
- 40 cl de crème de soja (ou de crème fraîche allégée)
- 16 crevettes roses moyennes cuites
- 1 cuillerée à café de paprika
- 1 petit bouquet de ciboulette
- Sel, poivre

Pelez les concombres. Coupez-les en quatre dans le sens de la longueur et supprimez la partie centrale où se trouvent les pépins. Détaillez la chair en morceaux. Passez au mixeur avec les échalotes émincées.

Ajoutez le bouillon de volaille ainsi que la crème allégée (ou la crème de soja), salez, poivrez. Mixez à nouveau jusqu'à ce que l'ensemble devienne homogène. Réservez au frais.

Décortiquez les crevettes et roulez-les généreusement dans le paprika.

Avant de servir, ciselez la ciboulette. Mixez à nouveau la soupe pour la rendre bien mousseuse. Versez dans des bols individuels. Disposez les crevettes sur le dessus. Saupoudrez d'un peu de paprika et de ciboulette.

Soupe d'avocat

Temps de préparation : 10 minutes
Temps de cuisson : 5 minutes
Ingrédients pour 4 personnes

- 2 avocats bien mûrs
- Le jus d'1/2 citron
- 1 gros oignon émincé
- 1 cuillerée à soupe d'huile d'olive
- 25 cl de crème de soja (ou de crème fraîche allégée)
- Quelques feuilles de basilic
- Sel, poivre

Ôtez la chair des avocats à l'aide d'une petite cuillère. Arrosez de jus de citron pour éviter l'oxydation. Écrasez en purée avec une fourchette. Réservez.

Dans une casserole, faites revenir l'oignon dans l'huile d'olive. Salez, poivrez.

Ajoutez la purée d'avocat et laissez mijoter à feu très doux jusqu'à l'obtention d'une crème onctueuse.

Laissez refroidir. Versez la crème de soja.

Servez froid en décorant l'assiette ou le bol de quelques feuilles de basilic.

Velouté de brocoli glacé

Temps de préparation : 20 minutes
Temps de cuisson : 15 minutes
Temps de réfrigération : 2 heures
Ingrédients pour 4 personnes

- 1 gros oignon
- 2 cuillerées à soupe d'huile d'olive
- 50 cl de bouillon de volaille dégraissé froid
- 2 têtes de brocoli
- 1 botte de ciboulette hachée
- 50 g de champignons de Paris émincés en boîte
- 20 cl de crème de soja (ou de crème fraîche allégée)
- Quelques cerneaux de noix
- Muscade râpée
- Sel, poivre

Émincez l'oignon et faites-le fondre dans une cocotte avec l'huile d'olive.
Ajoutez le bouillon de volaille et portez à ébullition.

Coupez le brocoli en morceaux et jetez-le dans la cocotte. Faites cuire à découvert à feu moyen pendant 5 minutes.

En fin de cuisson, ajoutez la ciboulette hachée et les champignons. Salez, poivrez.

Mixez le tout pour en faire une crème onctueuse. Réservez au réfrigérateur pendant au moins 2 heures.

Au moment de servir, mélangez avec la crème de soja et ajoutez les cerneaux de noix et un peu de muscade râpée.

Soupe fraîche de concombre
et pomme verte

Temps de préparation : 15 minutes
Temps de réfrigération : 5 heures
Ingrédients pour 4 personnes

- 5 pommes granny smith
- 2 concombres
- 1 citron vert bio
- 5 petits oignons blancs hachés
- 1 branche de fenouil
- 8 brins de coriandre fraîche
- 2 brins d'aneth
- 3 cuillerées à soupe d'huile d'olive extra-vierge
- 2 ou 3 pincées de piment de Cayenne
- Sel, poivre

Épluchez les pommes. Coupez-les en quartiers et retirez les cœurs.

Pelez les concombres. Coupez-les en quatre et éliminez tout l'intérieur (pépins). Détaillez la chair en tronçons.

Levez 8 beaux zestes du citron. Pressez le citron pour en extraire le jus.

Dans le bol du mixeur, placez les quartiers de pomme, les tronçons de concombre, les oignons hachés, la branche de fenouil, la coriandre, le jus de citron, les brins d'aneth, l'huile d'olive et le piment de Cayenne. Mixez le tout jusqu'à obtenir une purée liquide homogène. Salez et poivrez.

Réservez la soupe au réfrigérateur pendant au moins 5 heures.
Servez en décorant avec le zeste de citron et le reste des herbes ayant servi à la préparation. Ajoutez un filet d'huile d'olive.

Salade landaise

Temps de préparation : 20 minutes
Temps de cuisson : 15 minutes
Ingrédients pour 4 personnes

- 1 petite boîte de gésiers confits
- 100 g de mâche
- 100 g de pousses d'épinard
- 4 gros champignons de Paris
- 4 figues fraîches
- 100 g de foie gras mi-cuit
- 1 sachet de magret de canard fumé en tranches
- 100 g de chiffonnade de jambon cru
- 50 g de pignons de pin
- 1 bouquet de cerfeuil
- Vinaigrette à l'huile d'olive et au vinaigre balsamique (voir p. 87)

Ouvrez la boîte de gésiers. Dégraissez-les avec du papier absorbant ou réchauffez-les au four à 100 °C (th. 3/4) pendant 15 minutes.

Triez et lavez soigneusement la mâche pour en éliminer le sable. Lavez les pousses d'épinard. Essorez. Réservez.

Lavez et séchez les champignons. Enlevez le bout terreux. Pelez-les et émincez-les en lamelles.

Disposez la salade dans 4 assiettes. Coupez les figues en quatre et répartissez-les sur la mâche ainsi que sur les champignons.

Détaillez des petites tranches de foie gras à l'aide d'un couteau bien tranchant. Disposez sur les assiettes en faisant une répartition uniforme : le foie gras, le magret de canard, les gésiers, la chiffonnade de jambon, les pignons de pin et le cerfeuil effeuillé.

Versez la sauce vinaigrette (1 cuillerée à soupe et demie par assiette).

Salade d'épinards à la sévillane

Temps de préparation : 25 minutes
Temps de cuisson : 10 minutes

- 1 kg d'épinards frais
- Un peu d'huile d'olive
- 4 gousses d'ail émincées
- 1 cuillerée à café de paprika doux
- 1 cuillerée à café de cumin en poudre
- 350 g de pois chiches déjà cuits (garder un peu de jus de cuisson)
- Quelques gouttes de vinaigre balsamique
- 2 œufs durs hachés
- Sel, poivre

Préparez les épinards : enlevez les tiges des feuilles et ciselez-les. Ébouillantez 30 secondes et égouttez dans la passoire.

Chauffez un peu d'huile d'olive dans une poêle et faites revenir l'ail émincé. Ajoutez le paprika et le cumin. Mélangez bien.

Incorporez les épinards et les pois chiches, puis versez quelques gouttes de vinaigre et un peu de jus de cuisson des pois chiches.

Faites revenir le tout pendant 3 à 5 minutes sans cesser de remuer. Salez, poivrez.

Servez dans de petits poêlons individuels.

Arrosez d'un filet d'huile d'olive et décorez avec les œufs durs hachés.

Taboulé de quinoa

Temps de préparation : 20 minutes
Temps de repos : 25 minutes
Temps de cuisson : 4 minutes
Ingrédients pour 4 personnes

- 100 g de quinoa
- 3 bouquets de persil plat
- 1 bouquet de menthe fraîche
- 4 tomates en grappe
- 3 oignons nouveaux avec leur tige
- Le jus de 3 citrons verts
- 4 cuillerées à soupe d'huile d'olive
- Sel, poivre

Placez le quinoa dans une passoire fine. Rincez-le abondamment sous le robinet. Dans une casserole, versez deux fois son volume d'eau. Salez. Portez à ébullition. Faites cuire à couvert pendant 3 minutes. Hors du feu, laissez gonfler pendant 10 minutes. Égouttez dans la passoire.

Lavez le persil et la menthe. Effeuillez-les, séchez et ciselez-les très finement.

Plongez les tomates 40 secondes dans l'eau bouillante puis passez-les sous l'eau froide. Enlevez la peau. Coupez-les en quatre puis épépinez-les. Hachez la chair au couteau.

Émincez très finement les oignons et leur tige.

Dans un saladier, versez le jus des citrons. Faites-y dissoudre un peu de sel. Émulsionnez avec l'huile d'olive. Ajoutez le quinoa bien égoutté et mélangez. Laissez reposer pendant 15 minutes.

Incorporez le persil, la menthe, les tomates, les oignons, poivrez et mélangez.

* Ce taboulé peut être servi aussitôt ou laissé quelque temps au réfrigérateur après avoir filmé le dessus du saladier.

Salade de rillettes de thon

Temps de préparation : 20 minutes
Temps de cuisson : 10 minutes
Ingrédients pour 4 personnes

- 2 œufs entiers + 1 jaune
- 3 échalotes
- 200 g de thon au naturel (en boîte)
- 1 cuillerée à soupe de moutarde forte de Dijon
- 4 cuillerées à soupe d'huile d'olive
- Le jus d'1 citron
- 2 cuillerées à soupe de ciboulette ciselée
- 15 cl de crème de soja (ou de crème fraîche allégée)
- Sel, poivre

Plongez les 2 œufs 10 minutes dans l'eau bouillante pour les durcir. Refroidissez-les sous l'eau froide puis écalez-les. Hachez-les finement.

Pelez et coupez finement les échalotes.

Égouttez le thon, puis écrasez-le à la fourchette.

Dans un grand saladier, placez la moutarde, le jaune d'œuf et l'huile d'olive. Battez au fouet comme pour monter une mayonnaise. Ajoutez le thon émietté, les œufs durs hachés, le jus du citron, les échalotes, la ciboulette et la crème de soja. Salez et poivrez. Mélangez et réservez au réfrigérateur jusqu'au moment du repas.

Servez sur un lit de laitue ou de rondelles de tomate.

Mousse de chèvre en salade

Temps de préparation : 20 minutes
Temps de réfrigération : 2 heures
Ingrédients pour 4 personnes

- 350 g de fromage
- de chèvre frais
- 25 cl de crème fraîche liquide (fleurette) très froide
- Salades diverses : roquette, pousses d'épinard, cerfeuil, persil plat, estragon…
- 12 cl d'huile d'olive
- Vinaigrette (huile d'olive, vinaigre balsamique, voir p. 87)
- 2 cuillerées à café de tapenade
- Sel, poivre du moulin

Égouttez bien le fromage de chèvre frais dans une passoire.

Montez la crème fraîche en chantilly. Réservez au frais. Lavez et essorez la salade.

Dans un grand bol, mélangez au fouet électrique le fromage de chèvre avec l'huile d'olive. Salez et poivrez. Mixez jusqu'à obtenir une crème bien homogène.

Incorporez délicatement la chantilly à la spatule.

Remplissez 4 ramequins à bord haut préalablement huilés à l'huile d'olive. Réservez au frais pendant 2 heures.

Au moment de servir, répartissez la salade dans des assiettes individuelles. Versez 1 ou 2 cuillerées à café de vinaigrette.

Démoulez les ramequins en les retournant brusquement sur le centre de chaque assiette.

Diluez la tapenade dans 1 ou 2 cuillerées à soupe d'huile d'olive et arrosez harmonieusement le sommet de la mousse de chèvre ; redonnez un tour de moulin à poivre.

Blancs de poireaux à la vinaigrette

Temps de préparation : 5 minutes
Temps de cuisson : 40 minutes
Temps de réfrigération : 1 heure
Ingrédients pour 4 personnes

- 8 blancs de poireaux
- 2 brins de persil plat (pour la décoration)

Pour la vinaigrette

- 1 cuillerée à café de moutarde forte
- 1 cuillerée à soupe de vinaigre balsamique
- 4 cuillerées à soupe d'huile d'olive
- 1/4 de cuillerée à soupe d'ail semoule sec
- Sel, poivre

Ôtez les racines et les bases des blancs de poireaux. Enlevez la première feuille qui contient souvent de la terre, puis lavez généreusement.

Jetez une grosse pincée de sel dans une casserole pleine d'eau. Plongez les blancs de poireaux et faites cuire à feu moyen pendant 40 minutes. Égouttez, laissez refroidir et réservez au réfrigérateur au moins 1 heure.

Préparez la vinaigrette.

Avant de servir, coupez les poireaux en deux dans le sens de la longueur. Épongez-les avec du papier absorbant. Disposez dans des assiettes individuelles. Arrosez de vinaigrette et décorez avec le persil.

Salade de spaghettis aux moules

Temps de préparation : 20 minutes
Temps de cuisson : 15 minutes
Temps de réfrigération : 1 heure
Ingrédients pour 4 personnes
*** À préparer la veille**

- 250 g de spaghettis cuits *al dente* (à faire cuire la veille)
- 2 cuillerées à soupe d'huile d'olive

- 1 kg de moules de bouchot
- 4 échalotes émincées
- 20 cl de vin blanc sec
- 1 bouquet de persil plat
- Poivre

Pour la vinaigrette

- 3 cuillerées à soupe d'huile d'olive
- 1/2 cuillerée à soupe de vinaigre balsamique

- 1 pointe de curry
- Sel, poivre

La veille, faites cuire les spaghettis dans une casserole d'eau bouillante légèrement salée, 5 minutes seulement. Égouttez, puis laissez refroidir dans un saladier en mélangeant avec 1 cuillerée à soupe d'huile d'olive pour éviter qu'ils ne collent. Réservez une nuit.

Grattez et ébarbez soigneusement les moules. Dans une grande casserole, faites revenir les échalotes avec un peu d'huile d'olive. Poivrez. Versez le vin blanc et portez à ébullition pendant 1 minute.

Déposez les moules et faites cuire 3 à 5 minutes à couvert jusqu'à ce qu'elles s'ouvrent complètement. Placez-les dans une passoire et laissez refroidir sous l'eau froide. Préparez la vinaigrette.

Décortiquez les moules.

Répartissez les spaghettis dans les assiettes creuses. Disposez les moules sur le dessus. Versez la vinaigrette et décorez de persil.

* Réserver les pâtes au réfrigérateur une nuit a l'avantage de diminuer suffisamment l'index glycémique des pâtes pour qu'elles deviennent un aliment phase I.

Salade gourmande du Sud-Ouest

Temps de préparation : 15 minutes
Temps de cuisson : 10 minutes
Ingrédients pour 4 personnes

- 300 g de haricots verts frais
- 100 g de champignons de Paris frais
- Le jus d'1 citron
- 20 tranches de magret de canard fumé
- 1 petite boîte de filet d'anchois à l'huile d'olive
- 40 g de pignons de pin
- 50 g de ciboulette fraîche ciselée
- 4 brins de persil plat (pour la décoration)

Pour la vinaigrette

- 1 cuillerée à café de moutarde forte de Dijon
- 1 cuillerée à soupe de vinaigre balsamique
- 2 gousses d'ail hachées
- 3 cuillerées à soupe d'huile d'olive
- Sel, poivre

Effilez les haricots : retirez les extrémités et les fils éventuels. Coupez-les en deux. Dans une casserole, portez 2 litres d'eau à ébullition. Plongez-y les haricots verts et laissez cuire à feu moyen pendant 10 minutes. Égouttez puis passez-les sous une eau très froide.

Égouttez à nouveau. Séchez-les éventuellement avec du papier absorbant.

Coupez le bout terreux des champignons. Lavez-les, égouttez-les puis séchez-les. Détaillez en fines lamelles. Arrosez-les aussitôt de jus de citron pour les empêcher de s'oxyder.

Préparez la vinaigrette dans le fond d'un grand saladier. Faites fondre la moutarde dans le vinaigre balsamique. Ajoutez l'ail haché et l'huile d'olive. Salez, poivrez. Incorporez les haricots verts et les champignons. Mélangez pour bien imprégner de vinaigrette.
Répartissez le contenu du saladier dans quatre grandes assiettes individuelles. Ajoutez les tranches de magret de canard fumé, les anchois et les pignons de pin. Parsemez de ciboulette ciselée et décorez de persil.

Mille-feuille de courgette

Temps de préparation : 15 minutes
Temps de cuisson : 10 minutes
Ingrédients pour 4 personnes

- 2 grosses courgettes
- 8 cuillerées à soupe d'huile d'olive
- 3 boules de mozzarella
- 2 gousses d'ail
- 1 cuillerée à soupe de vinaigre balsamique
- 1 pincée d'herbes de Provence
- Sel, poivre

Rincez et épongez les courgettes. Tronçonnez-les en deux en éliminant les extrémités. Détaillez-les en lamelles fines de 0,5 cm dans le sens de la longueur.

Dans une grande poêle, versez la moitié de l'huile d'olive et faites dorer les lamelles de courgette à feu moyen. Égouttez-les sur du papier absorbant.

Égouttez la mozzarella. Coupez-la en fines tranches, salez et poivrez.

Pelez et pressez les gousses d'ail.

Dans un bol, mélangez le vinaigre balsamique, le reste d'huile d'olive et l'ail pressé. Salez et poivrez.

Réalisez un mille-feuille en alternant tranches de courgette et de mozzarella.

Arrosez de sauce et saupoudrez d'une pincée d'herbes de Provence.

Tomates au chèvre chaud

Temps de préparation : 10 minutes
Temps de cuisson : 45 minutes
Ingrédients pour 4 personnes

- 8 tomates moyennes
- 300 g de chèvre frais (2 ou 3 fromages)
- 4 cuillerées à soupe d'huile d'olive
- Quelques feuilles de basilic (pour la décoration)
- Sel, poivre

Préchauffez le four à 180 °C (th. 6).

Lavez les tomates puis découpez un chapeau sur le dessus avec un couteau tranchant. Videz délicatement l'intérieur avec une petite cuillère. Retournez les tomates pour bien les égoutter.

Dans un bol, mélangez le chèvre frais avec l'huile d'olive jusqu'à l'obtention d'une pâte homogène. Salez, poivrez.

Garnissez les tomates. Remettez le chapeau et placez dans un plat allant au four. Faites cuire 40 à 45 minutes.

Servez chaud sur un lit de salade en décorant de feuilles de basilic.

Poivrons farcis au fromage de brebis

Temps de préparation : 20 minutes
Temps de cuisson : 45 minutes
Ingrédients pour 4 personnes

- 4 poivrons rouges
- 4 petites tomates
- 3 échalotes émincées
- 4 cuillerées à soupe d'huile d'olive
- 3 gousses d'ail émincées
- 100 g d'olives vertes dénoyautées
- 100 g d'olives noires dénoyautées
- 300 g de fromage de brebis frais
- 1 cuillerée à soupe de persil haché
- 1 cuillerée à café de thym frais
- Sel, poivre

Préchauffez le four à 200 °C (th. 6/7).

Coupez les poivrons en deux dans le sens de la longueur et nettoyez bien l'intérieur.

Ébouillantez les tomates 30 secondes. Passez-les sous l'eau froide puis pelez-les, épépinez-les et détaillez la chair en petits morceaux.

Dans une casserole, faites revenir les échalotes avec 2 cuillerées à soupe d'huile d'olive. Ajoutez l'ail en fin de cuisson.

Hachez les olives vertes et noires.

Dans un bol, écrasez à la fourchette le fromage avec 1 cuillerée à soupe d'huile d'olive. Incorporez les tomates, les échalotes, l'ail, les olives, le persil et le thym. Salez, poivrez.

Garnissez les poivrons.
Enduisez d'huile d'olive un plat à gratin, placez les poivrons et enfournez 35 minutes, voire plus pour des poivrons plus tendres.

Gratin de courgette à la grecque

Temps de préparation : 15 minutes
Temps de cuisson : 55 minutes
Temps de repos : 30 minutes
Ingrédients pour 4 personnes

- 1,2 kg de courgettes
- 200 g de feta
- 3 œufs entiers
- 60 g de parmesan râpé
- Huile d'olive (pour le plat à gratin)
- Sel, poivre

Lavez les courgettes puis coupez les extrémités. Faites-les cuire entières dans l'eau bouillante salée environ 15 minutes, égouttez-les.

Écrasez les courgettes tièdes et laissez-les 30 minutes dans une passoire pour bien les égoutter.

Écrasez la feta à la fourchette.

Dans un saladier, battez les œufs en omelette. Ajoutez la feta écrasée et le parmesan râpé. Salez, poivrez et mélangez bien.

Incorporez les courgettes à cette préparation.

Versez le tout dans un plat à gratin préalablement huilé. Enfournez à 160 °C (th. 5/6) et faites cuire pendant 40 minutes. Le dessus du gratin doit être bien doré.

* Ce plat peut aussi servir d'accompagnement.

Mille-feuille de tomate et mozzarella

Temps de préparation : 5 minutes
Ingrédients pour 4 personnes

- 4 grosses tomates
- 2 boules de mozzarella
- 1 petit pot de pesto
- 2 cuillerées à soupe d'huile d'olive
- Quelques feuilles de basilic frais
- Sel, poivre

Lavez les tomates, égouttez-les et essuyez-les bien. Coupez chaque tomate en 4 lamelles horizontales. Disposez-les sur un papier absorbant afin d'en éponger le plus gros de l'humidité.

Coupez la mozzarella en 12 tranches.

Reconstituez les 4 tomates en intercalant entre chaque tranche du pesto, de la mozzarella, du sel et du poivre.

Arrosez d'huile d'olive et décorez de basilic.

Terrine de lentilles vertes

Temps de préparation : 15 minutes
Temps de cuisson : 1 heure
Temps de trempage : 1 heure
Temps de réfrigération : 5 heures
Ingrédients pour 4 personnes

- 125 g de lentilles vertes du Puy
- 1 oignon émincé
- Thym, laurier
- 4 feuilles de gélatine
- 2 tomates
- 1 cuillerée à soupe de ciboulette ciselée

Pour la vinaigrette

- 1 cuillerée à café de moutarde de Dijon
- 1 cuillerée à soupe de vinaigre de Xérès
- 3 cuillerées à soupe d'huile d'olive
- 1 échalote émincée
- 1 cuillerée à soupe de persil haché
- Sel, poivre

Laissez tremper 1 heure les lentilles dans l'eau froide.

Dans 1 litre d'eau salée, faites cuire l'oignon émincé, le thym et le laurier pendant 25 minutes.
Passez le jus de cuisson au chinois. Plongez-y les lentilles et faites cuire jusqu'à ce qu'elles soient moelleuses (30 à 40 minutes).

Trempez les feuilles de gélatine dans l'eau froide pour les ramollir.

Retirez les deux tiers du jus de cuisson des lentilles. Égouttez les feuilles de gélatine et incorporez-les aux lentilles. Versez la préparation dans une terrine préalablement chemisée d'un film plastique. Laissez prendre au réfrigérateur pendant au moins 5 heures.

Dans un bol, préparez la vinaigrette : mélangez la moutarde et le vinaigre, ajoutez l'huile d'olive puis l'échalote émincée et le persil, salez, poivrez.

Coupez la terrine en fines tranches. Décorez de gros cubes de tomates et de ciboulette hachée. Arrosez de vinaigrette.

Terrine de foie gras

* À faire l'avant-veille
Temps de préparation : 1 heure
Temps de cuisson : 1 heure
Temps de réfrigération : 36 heures
Ingrédients pour 4/6 personnes

- 1 beau foie gras de 600 g
- 7 g de sel fin
- 2 g de poivre
- 1 cuillerée à soupe de quatre-épices
- 1 pincée de muscade râpée (facultatif)
- 10 cl d'armagnac ou de cognac

Sortez le foie gras du réfrigérateur au moins 2 heures à l'avance afin qu'il soit à la bonne température pour être manipulé sans se casser. Rincez-le pour éliminer les éventuelles traces de sang. Épongez.
Écartez doucement les deux lobes pour les dénerver : tirez les nerfs délicatement sans les casser à l'aide de la pointe d'un couteau économe. Vous pouvez faire des incisions pour repérer le chemin des veines et des nerfs. Séparez les deux lobes si cela n'a pas été fait au cours du dénervage.

Dans un bol, mélangez bien le sel, le poivre, le quatre-épices, la muscade et l'armagnac pour réaliser la marinade.

Placez les lobes dans une jatte et badigeonnez-les copieusement avec un pinceau pendant 5 minutes sur toutes les surfaces avec la marinade pour bien les imprégner. Laissez-les reposer au fond de la jatte dans le restant de marinade. Filmez le récipient et réservez une nuit au réfrigérateur.

Sortez le foie du réfrigérateur 2 heures avant de préparer la terrine. Disposez les lobes dans une terrine en commençant par le plus gros (partie convexe sur le dessus), en tassant au maximum pour qu'il n'y ait pas de trous.
Préchauffez le four à 110 °C (th. 3/4) sans chaleur tournante. Faites bouillir de l'eau. Quand le four est à bonne température, placez la terrine au milieu d'un plat à gratin, remplissez le plat d'eau bouillante jusqu'à mi-hauteur de la terrine et faites cuire au bain-marie pendant environ 50 à 60 minutes.

Laissez refroidir la terrine. Quand elle est revenue à température ambiante, placez-la au réfrigérateur avec un couvercle ou un film et laissez reposer au moins 24 heures avant de déguster.

Avocats farcis au thon

Temps de préparation : 15 minutes
Temps de réfrigération : 1 heure
Ingrédients pour 4 personnes

- 1 petite branche de céleri
- 1 petite boîte de thon au naturel (140 g)
- 1 œuf dur
- 2 gros avocats bien mûrs
- Le jus d'1 citron vert
- 1 échalote hachée
- 2 cuillerées à soupe de mayonnaise à l'huile d'olive
- 4 ou 5 olives noires hachées
- Sel, poivre

Enlevez les fils du céleri et hachez-le finement.

Égouttez le thon puis émiettez-le.

Hachez l'œuf dur finement.

Coupez les avocats en deux, retirez le noyau et arrosez aussitôt de jus de citron pour empêcher l'oxydation.

Retirez la pulpe des avocats en prenant soin de préserver l'enveloppe intacte.

Écrasez la pulpe et ajoutez le thon, l'échalote, l'œuf dur, la mayonnaise, le céleri et les olives noires. Salez et poivrez.

Farcissez l'enveloppe des avocats et placez au réfrigérateur au moins 1 heure avant de servir.

Saumon mariné à l'aneth

* À faire l'avant-veille
Temps de préparation : 20 minutes
Temps de marinade : 36 heures
Ingrédients pour 4 personnes

- 1 filet de saumon de 1 kg environ avec la peau
- Le jus d'1/2 citron
- 3 cuillerées à soupe d'huile d'olive
- Sel, poivre

Pour la marinade

- 4 cuillerées à soupe de sel
- 2 cuillerées à soupe de fructose
- 2 cuillerées à café de poivre blanc du moulin
- 1 à 2 gros bouquets d'aneth hachés (8 cuillerées à soupe)

Préparez le filet en prenant soin d'enlever les arêtes éventuelles avec une petite pince.

Pour la marinade, mélangez le sel, le fructose et le poivre. Répartissez uniformément cette marinade sèche sur le saumon, côté chair seulement. Massez avec les doigts pour bien faire pénétrer. Ajoutez une bonne couche d'aneth sur l'ensemble.

Filmez serré avec plusieurs couches. Laissez le saumon mariner pendant 36 heures au réfrigérateur.

Grattez la surface du saumon pour en enlever les épices, puis détaillez de fines tranches.

Préparez une sauce avec le jus de citron, l'huile d'olive, du sel et du poivre. Tapissez les assiettes individuelles de fines tranches de saumon, puis badigeonnez-les de sauce à l'aide d'un pinceau. Saupoudrez d'aneth.

Quinoa à la provençale

Temps de préparation : 25 minutes
Temps de cuisson : 35 minutes
Ingrédients pour 6 personnes

- 200 g de quinoa
- 1 boîte de haricots verts extra-fins (440 g)
- 1 boîte de tomates pelées au jus (400 g)
- 2 oignons
- 3 gousses d'ail
- Un peu d'huile d'olive
- 2 cuillerées à café de concentré de tomate
- 20 cl de bouillon de volaille dégraissé
- 1 pincée de coriandre moulue
- 1/2 bouquet de menthe fraîche
- Sel, poivre

Versez le quinoa dans une passoire fine. Lavez et rincez abondamment sous l'eau froide. Dans une casserole, versez deux fois son volume d'eau. Salez. Portez à ébullition et faites cuire à couvert pendant 3 minutes. Hors du feu, laissez gonfler 10 minutes. Réservez.

Égouttez bien les haricots verts dans une passoire. Coupez les tomates pelées en morceaux et laissez égoutter dans une passoire.

Pelez et hachez les oignons et l'ail. Dans un faitout, faites dorer les oignons avec un peu d'huile d'olive. Ajoutez l'ail puis les haricots verts et le concentré de tomate, et faites-les revenir quelques minutes à feu vif en remuant sans cesse.

Arrosez avec le bouillon de volaille et ajoutez les tomates. Laissez cuire à feu doux pendant une dizaine de minutes.

Préchauffez le four à 180 °C (th. 6). Huilez un plat allant au four. Mélangez le quinoa et les légumes. Salez, poivrez et ajoutez la coriandre. Versez le mélange dans le plat, couvrez d'une feuille d'aluminium et enfournez. Laissez cuire 15 à 20 minutes.

Avant de servir, saupoudrez le plat de menthe fraîche finement hachée.

Quiche aux poireaux

Temps de préparation : 15 minutes
Temps de cuisson : 1 h 15
Ingrédients pour 6 personnes

- 500 g de blancs de poireaux
- 200 g de petits lardons non fumés
- 1 gros oignon émincé
- Un peu d'huile d'olive
- 5 œufs entiers
- 30 cl de crème allégée
- Un peu de noix muscade
- 200 g de gruyère râpé
- Sel, poivre

Lavez les poireaux, coupez-les en tronçons de 1 à 2 cm. Faites-les cuire à la vapeur pendant 20 minutes. Réservez en les laissant égoutter.

Faites revenir les lardons dans une poêle à petit feu. Faites-leur perdre un maximum de graisse. Évitez de les faire griller. Réservez sur du papier absorbant.

Faites revenir l'oignon émincé dans une poêle avec de l'huile d'olive. Ajoutez les poireaux égouttés et arrêtez la cuisson dès qu'ils sont tendres. Préchauffez le four à 160 °C (th. 5/6).

Dans une jatte, battez les œufs en omelette avec la crème. Salez très légèrement, poivrez et râpez un peu de muscade. Ajoutez le gruyère râpé. Mélangez bien puis incorporez les petits lardons, l'oignon et les poireaux recueillis avec l'écumoire afin d'éviter le jus de cuisson.

Versez la préparation dans un plat à gratin huilé. Enfournez et faites cuire pendant 40 à 45 minutes. Une cuisson au bain-marie est préférable, mais non nécessaire. Servez tiède avec une bonne salade verte ou une salade composée.

Clafoutis d'oignons

Temps de préparation : 15 minutes
Temps de cuisson : 40 minutes
Ingrédients pour 4 personnes

- 10 oignons émincés
- Un peu d'huile d'olive
- 4 jaunes d'œufs + 1 œuf entier
- 25 cl de crème liquide allégée
- 250 g de gruyère râpé
- Sel, poivre

Dans une poêle antiadhésive, faites revenir les oignons à feu doux dans de l'huile d'olive jusqu'à ce qu'ils deviennent moelleux et fondants. Évitez surtout de les faire griller : remuez continuellement avec une cuillère en bois ou une spatule. À l'aide d'une écumoire, placez les oignons sur un plat et épongez-les avec du papier absorbant pour éliminer le maximum de gras. Réservez.

Préchauffez le four à 170 °C (th. 5/6).

Dans un grand bol, battez les jaunes et l'œuf entier, la crème liquide et le gruyère. Salez et poivrez. Ajoutez les oignons. Mélangez bien et versez dans un plat à gâteau antiadhésif.

Enfournez et faites cuire pendant 30 à 35 minutes. Démoulez et servez chaud, tiède ou froid avec une salade verte.

Tartare de magret de canard

Temps de préparation : 20 minutes
Temps de réfrigération : 1 heure
Ingrédients pour 4 personnes

- 2 échalotes
- 3 cornichons
- 10 brins de ciboulette
- 2 magrets de canard extra, bien frais
- 3 cuillerées à soupe d'huile d'olive
- 1/2 cuillerée à café de poivre noir du moulin
- 1 cuillerée à soupe de vinaigre balsamique
- 1 jaune d'œuf (facultatif)
- Une petite salade de cresson
- 1 cuillerée à soupe de persil plat ciselé
- Sel

Pelez et hachez finement les échalotes.

Hachez finement les cornichons et la ciboulette.

Ôtez la peau des magrets de canard ainsi que la totalité de la couche graisseuse pour ne conserver que la viande. Coupez la viande en petits morceaux.

Dans un saladier, mélangez l'huile d'olive, les échalotes, les cornichons, la ciboulette, le poivre noir, du sel, le vinaigre balsamique et le jaune d'œuf. Battez au fouet. Ajoutez la viande du magret. Mélangez énergiquement pour bien imprégner tous les morceaux. Placez au réfrigérateur au moins 1 heure.

Moulez des portions individuelles dans de gros ramequins ou des cercles métalliques. Pour servir, démoulez au centre de l'assiette et entourez de cresson. Décorez le dessus avec le persil et ajoutez un filet de vinaigrette (huile d'olive et vinaigre balsamique) sur la salade.

Tartare de thon à l'aïoli

Temps de préparation : 30 minutes
Ingrédients pour 4 personnes

- 5 gousses d'ail
- 2 jaunes d'œufs
- 25 cl d'huile d'olive
- 600 g de filet de thon très frais
- Le jus de 3 citrons
- 1 poivron vert
- 4 échalotes
- 1 bouquet de ciboulette
- 1 laitue
- 12 tomates-cerises
- 12 olives vertes dénoyautées
- Sel, poivre

Dans un mortier, pilez les gousses d'ail épluchées jusqu'à les réduire en purée. Ajoutez les jaunes d'œufs, une pincée de sel et du poivre. Versez l'huile d'olive en petit filet et montez comme une mayonnaise. Réservez l'aïoli au frais dans une saucière.

Épongez le thon, hachez-le finement au couteau. Arrosez avec le jus de citron. Salez, poivrez et mélangez. Réservez au frais.

Lavez le poivron, épépinez-le et coupez sa chair en tout petits dés. Hachez finement les échalotes et la ciboulette. Incorporez le tout au thon. Rectifiez l'assaisonnement.

Façonnez les steaks tartares de thon en vous aidant d'un ramequin que vous démoulerez d'un coup sec sur des assiettes contenant un lit de laitue. Décorez de tomates-cerises coupées en deux et d'olives.

Servez accompagné de l'aïoli.

Plats

Langoustines à la fondue de poireau

Temps de préparation : 30 minutes
Temps de cuisson : 25 minutes
Ingrédients pour 4 personnes

- 5 blancs de poireaux
- 3 cuillerées à soupe d'huile d'olive
- 1 dose de safran en poudre
- 24 belles langoustines crues
- 5 cl de cognac
- 15 cl de crème fraîche allégée (ou de crème de soja)
- Sel, poivre

Lavez les blancs de poireaux et coupez-les en fines lamelles. Faites-les revenir dans une poêle avec 1 cuillerée à soupe d'huile d'olive. Couvrez et laissez cuire à feu doux pendant 15 minutes, tout en remuant régulièrement. Ajoutez le safran. Salez et poivrez.

Décortiquez les langoustines à l'aide de petits ciseaux. Vous pouvez laisser la queue pour une meilleure présentation, mais prenez soin de bien retirer le petit boyau noir.

Dans une poêle, faites sauter 3 minutes les langoustines à feu vif avec 2 cuillerées à soupe d'huile d'olive. En fin de cuisson, flambez au cognac.

Dressez les poireaux dans un plat de service et déposez dessus les langoustines (le dressage peut se faire aussi sur assiettes individuelles).

Versez la crème fraîche dans la poêle des langoustines. Posez sur le feu et déglacez avec une spatule. Répandez la sauce sur les langoustines et servez.

Timbales de Saint-Jacques aux gambas

Temps de préparation : 10 minutes
Temps de cuisson : 45 minutes
Ingrédients pour 4 personnes

- 8 belles noix de Saint-Jacques
- 8 grosses gambas crues entières
- Huile d'olive
- Une dizaine de crevettes crues décortiquées coupées en petits morceaux
- 1 gros œuf
- 1 yaourt entier épais
- 1 gousse d'ail écrasée
- 20 cl de crème liquide allégée
- 1 bouquet de persil plat
- Sel, poivre

Préchauffez le four à 170 °C (th. 5/6).

Mixez ensemble les 8 noix de Saint-Jacques et la moitié des gambas décortiquées avec un filet d'huile d'olive. Placez dans un bol et ajoutez les crevettes, l'œuf, le yaourt et l'ail. Mélangez, salez et poivrez. Versez dans 4 ramequins préalablement enduits d'huile d'olive.

Placez les ramequins dans un plat à gratin, versez de l'eau chaude dans le plat et faites cuire au bain-marie 40 minutes. Pendant ce temps, décortiquez les gambas restantes. Démoulez les ramequins sur 4 assiettes et réservez au chaud.

Cinq minutes avant de servir, faites revenir les queues des gambas dans un peu d'huile d'olive. Salez, poivrez et réservez.
Déglacez le plat de cuisson avec la crème liquide.
Disposez une queue de gambas sur chaque timbale, versez la sauce et décorez de persil.

* Ce plat peut être servi avec des tomates provençales, des brocolis, des haricots verts ou encore des épinards.

Scampi à la marinade

Temps de préparation : 10 minutes
Temps de réfrigération : 1 heure
Temps de cuisson : 1 heure
Ingrédients pour 4 personnes

- 800 g à 1 kg de scampi (langoustines italiennes) crues, soit au moins 4 par personne
- 25 cl d'huile d'olive
- Le jus de 3 citrons
- 3 gousses d'ail hachées finement
- 1 bouquet de persil ciselé
- 4 grosses tomates
- 1 concombre
- 1 petite chicorée frisée
- 1 endive
- Sel, poivre du moulin

Faites pocher les scampi dans l'eau bouillante pendant 2 minutes, le temps qu'elles changent de couleur. Passez-les immédiatement sous l'eau froide pour interrompre le processus de cuisson. Décortiquez-les soigneusement et déveinez-les en ne conservant que la queue.

Dans un bol, mélangez au fouet l'huile d'olive, le jus de citron, l'ail et le persil. Salez et poivrez généreusement. Ajoutez les crevettes en les immergeant bien dans la marinade. Laissez mariner 1 heure environ au réfrigérateur.

Plongez les tomates 40 secondes dans l'eau bouillante et passez-les ensuite sous l'eau froide. Pelez-les et videz-les complètement pour ne garder que la chair. Détaillez en dés et réservez sur du papier absorbant.

Coupez le concombre en quatre dans la longueur. Épépinez et ne gardez que la chair. Recoupez chaque morceau en deux pour disposer de 8 lanières.

Dans chaque assiette, placez les lanières de concombre à la périphérie, faites un lit avec les feuilles de frisée et disposez 3 feuilles d'endive en étoile. Retirez les crevettes de la marinade, coupez-les en deux sur la longueur, déposez-les sur la salade en formant une couronne. Versez la marinade et décorez avec les dés de tomate.

Gratinée de crevettes

Temps de préparation : 40 minutes
Temps de cuisson : 30 minutes
Ingrédients pour 4 personnes

- 1 kg de crevettes moyennes crues
- Le jus d'1 citron
- 4 tomates bien mûres
- 3 oignons nouveaux
- 3 gousses d'ail
- 3 cuillerées à soupe d'huile d'olive
- 10 cl de vin blanc sec
- 150 g de feta
- 1 cuillerée à soupe d'aneth finement haché
- Sel, poivre

Décortiquez les crevettes en ne gardant que les queues. Rincez-les puis laissez-les égoutter dans une passoire. Salez, poivrez et arrosez de jus de citron. Réservez.

Ébouillantez les tomates 40 secondes. Passez-les sous l'eau froide, pelez-les et épépinez-les. Détaillez la chair en dés.

Éliminez les racines des oignons et l'extrémité des tiges. Lavez-les et hachez-les. Coupez les gousses d'ail en fines lamelles.

Dans une sauteuse, chauffez l'huile d'olive. Faites-y revenir les crevettes 1 à 2 minutes en remuant bien afin qu'elles soient saisies sur toute la surface. Retirez-les et réservez.

Dans la même huile, faites ensuite blondir l'oignon et l'ail pendant 1 à 2 minutes. Ajoutez les tomates puis le vin blanc. Laissez mijoter la sauce 10 à 15 minutes à feu doux à découvert. Préchauffez le four à 220 °C (th. 7/8).

Répartissez les crevettes dans quatre plats individuels allant au four (ou un grand). Nappez de sauce tomate puis émiettez la feta sur le dessus. Enfournez et laissez fondre le fromage pendant 10 à 12 minutes.

Saupoudrez d'aneth avant de servir.

Poêlée de Saint-Jacques aux échalotes

Temps de préparation : 10 minutes
Temps de cuisson : 10 minutes
Ingrédients pour 4 personnes

- 20 échalotes
- 2 cuillerées à soupe d'huile d'olive
- Une noix de graisse d'oie
- 16 noix de Saint-Jacques préparées
- 2 brins de persil plat
- Sel, poivre

Épluchez les échalotes et émincez-les grossièrement dans la largeur. Faites-les revenir à feu doux dans l'huile d'olive en évitant de les faire griller. Remuez constamment à la spatule, salez légèrement et poivrez. Faites-les dégraisser sur un papier absorbant. Réservez au chaud.

Laissez fondre la graisse d'oie dans une poêle. Épongez les noix de Saint-Jacques, puis saisissez-les à feu vif 1 minute environ de chaque côté. Salez, poivrez.

Dressez un lit d'échalotes dans chaque assiette, déposez les noix de Saint-Jacques et décorez de persil.

Calmars à la provençale

Temps de préparation : 25 minutes
Temps de cuisson : 40 minutes
Ingrédients pour 4 personnes

- 1 kg de petits calmars préparés
- 4 oignons
- 5 gousses d'ail
- 4 cuillerées à soupe d'huile d'olive
- 40 cl de vin blanc sec
- 1 boîte de concentré de tomate (140 g)
- 1 clou de girofle
- 3 grosses pincées de noix muscade
- 1 brin de thym
- 1 feuille de laurier
- 1 brin de romarin
- 2 ou 3 pincées de cannelle
- Sel, poivre

Lavez les calmars, égouttez-les et détaillez en rondelles. Coupez les tentacules au ras des yeux.

Épluchez les oignons et émincez-les. Pelez et hachez l'ail. Faites chauffer l'huile d'olive dans une sauteuse et laissez fondre les oignons en évitant qu'ils ne noircissent.

Ajoutez l'ail et les morceaux de calmar. Laissez-les rendre un peu d'eau pendant 2 à 3 minutes en les cuisant à feu vif, tout en remuant avec une spatule. Baissez le feu. Ajoutez le vin blanc, le concentré de tomate, le clou de girofle et la muscade. Salez, poivrez et mélangez. Incorporez le thym, le laurier, le romarin et la cannelle. Portez le tout à ébullition puis réduisez le feu. Couvrez et laissez mijoter pendant 15 minutes. Relevez le couvercle, remuez et laissez réduire la sauce encore pendant une dizaine de minutes. Retirez le thym, le romarin et le laurier. Rectifiez l'assaisonnement.

Servez chaud dans des cassolettes individuelles en terre cuite.

Saint-Jacques aux champignons

Temps de préparation : 20 minutes
Temps de cuisson : 35 minutes
Ingrédients pour 4 personnes

- 2 cuillerées à soupe de vinaigre de vin
- 3 échalotes
- 1 petit bouquet de persil
- 1 cuillerée à soupe d'herbes de Provence
- 12 coquilles Saint-Jacques
- 500 g de champignons de Paris
- 3 cuillerées à soupe d'huile d'olive
- 25 cl de crème fraîche liquide allégée
- Sel, poivre

Préparez un court-bouillon avec 250 ml d'eau, le vinaigre, les échalotes coupées en rondelles, un peu de persil haché et les herbes de Provence. Salez, poivrez. Laissez frémir le court-bouillon à feu doux pendant 10 minutes.

Préparez les Saint-Jacques en séparant les noix du corail. Éliminez les parties noires ainsi que les nerfs des noix. Plongez l'ensemble dans le court-bouillon. Laissez pocher 2 minutes à feu très doux. Égouttez et réservez séparément les noix et le corail.

Débarrassez les champignons de leur pied terreux. Lavez-les, séchez-les sur du papier absorbant et pelez-les. Détaillez-les en fines lamelles.

Dans une sauteuse, faites chauffer l'huile d'olive et dorez les champignons en remuant régulièrement à la spatule. Salez, poivrez.

Ajoutez les noix de saint-jacques et la crème fraîche. Laissez cuire à petit feu pendant 2 minutes. Incorporez ensuite le corail. Laissez mijoter encore 2 ou 3 minutes, le temps de réduire la sauce. Attention, les Saint-Jacques doivent rester très moelleuses. Trop cuites, elles deviennent caoutchouteuses.

Courgettes farcies au crabe

Temps de préparation : 30 minutes
Temps de cuisson : 35 minutes
Ingrédients pour 4 personnes

- 2 ou 3 grosses courgettes
- 1 boîte de tomates pelées (250 g)
- 150 g de crabe en boîte
- 3 oignons
- Huile d'olive
- 1 botte de persil
- 2 cuillerées à soupe de parmesan râpé
- Sel, poivre

Lavez et essuyez les courgettes. Blanchissez-les 5 à 6 minutes dans l'eau bouillante. Laissez-les égoutter et refroidir.

Préchauffez le four à 220 °C (th. 7/8). Pendant ce temps, égouttez les tomates et émiettez le crabe. Pelez et émincez les oignons. Faites-les revenir dans une casserole avec de l'huile d'olive.

Coupez les tomates en morceaux et égouttez-les. Ajoutez-les aux oignons et faites cuire pendant 5 à 6 minutes tout en remuant. Hachez le persil, incorporez-le à la préparation. Salez, poivrez. Hors du feu, ajoutez le crabe émietté.

Coupez les courgettes en deux dans le sens de la longueur. Évidez-les à la cuillère de manière que leur épaisseur soit inférieure à 1 cm. Hachez la chair récupérée et ajoutez-la à la préparation.

Disposez les courgettes dans un plat à gratin préalablement huilé, remplissez avec la farce. Saupoudrez de parmesan et arrosez de quelques filets d'huile d'olive. Enfournez le plat et laissez cuire 15 à 20 minutes.

Bouillabaisse de l'Atlantique

Temps de préparation : 30 minutes
Temps de cuisson : 1 h 30
Ingrédients pour 6 personnes

- 2 gros oignons émincés
- 6 cuillerées à soupe d'huile d'olive
- 2 gousses d'ail émincées
- 1 bouquet garni
- 50 cl de vin blanc sec
- 1 grosse tomate
- 1 cuillerée à café de piment doux
- 1/2 cuillerée à café de piment de Cayenne
- 1 tête de merlu
- 600 g de congre
- 600 g de filet de lotte
- 8 langoustines
- 1 litre de moules
- Persil haché
- Sel, poivre

Dans une casserole, faites revenir les oignons dans 2 cuillerées à soupe d'huile d'olive. À mi-cuisson, ajoutez l'ail et le bouquet garni. Versez le vin blanc, ajoutez la tomate coupée en quatre, les deux piments et la tête de merlu. Laissez réduire de moitié. Ajoutez 1 litre d'eau et faites cuire à feu doux 45 minutes. Laissez refroidir pendant 15 minutes et passez au chinois.

Tronçonnez le congre et la lotte. Dans une grande cocotte, faites dorer les morceaux de poisson dans 4 cuillerées à soupe d'huile d'olive, salez et poivrez. Ajoutez les langoustines et versez le bouillon. Chauffez jusqu'au point d'ébullition, ajoutez les moules, laissez chauffer à gros bouillons pendant quelques minutes jusqu'à ce que les moules soient ouvertes. Rectifiez l'assaisonnement.

Servez dans de grandes assiettes à soupe (ou des bols) et saupoudrez de persil haché.

Filet de thon au gingembre

Temps de préparation : 10 minutes
Temps de cuisson : 10 minutes
Temps de marinade : 1 heure
Ingrédients pour 4 personnes

- 50 g de gingembre frais
- 4 cuillerées à soupe de sauce soja tamari
- 4 cuillerées à soupe d'huile d'olive
- Le jus d'1 citron
- 600 g de filet de thon de 3 cm d'épaisseur
- 2 brins de persil plat
- Poivre

Pelez le gingembre et hachez-le très finement au couteau.

Dans un bol, préparez une marinade avec le tamari, l'huile d'olive, le jus de citron et le gingembre. Poivrez. Laissez mariner le filet de thon pendant au moins 1 heure à température ambiante. Retournez le poisson de temps en temps. Préchauffez le four à 100 °C (th. 3/4).

Versez la marinade dans une poêle et chauffez à feu vif. Saisissez le thon 1 minute de chaque côté tout en arrosant le dessus du filet avec la marinade brûlante. Le thon doit rester cru à l'intérieur.

Sur une planche, découpez le filet en grosses lanières de 2 à 3 cm de large. Placez-les dans un plat et réservez au chaud dans le four.

Pendant ce temps, faites réduire la marinade à feu doux. Quand elle commence à devenir un peu épaisse, répandez-la harmonieusement sur le thon. Laissez au four encore 2 minutes. Avant de servir, décorez de quelques feuilles de persil plat.

* Ce plat peut être accompagné de brocolis cuits à la vapeur, de mange-tout (voir p. 171) ou encore de ratatouille Montignac (voir p. 169).

Filet de rouget à l'anchoïade

Temps de préparation : 15 minutes
Temps de cuisson : 15 minutes
Ingrédients pour 4 personnes

- 1 boîte de filets d'anchois à l'huile d'olive
- 2 cuillerées à café de vinaigre balsamique
- 5 tomates fraîches
- 12 olives noires
- 3 tomates séchées
- 1 poivron rouge
- 3 cuillerées à soupe d'huile d'olive
- 8 filets de rouget
- Sel, poivre

Préparez l'anchoïade en mixant les filets d'anchois, le vinaigre balsamique et une partie de l'huile de la boîte d'anchois. Réservez.

Ébouillantez les tomates pendant 40 secondes, puis passez-les sous l'eau froide. Pelez-les et épépinez-les. Détaillez la chair en petits morceaux et réservez sur un papier absorbant. Dénoyautez les olives noires. Hachez-les grossièrement ainsi que les tomates séchées. Coupez le poivron en deux, épépinez-le puis détaillez en tout petits cubes.

Dans une poêle bien chaude, versez l'huile d'olive et faites revenir successivement le poivron haché puis les tomates fraîches. Dans la dernière minute de cuisson, ajoutez les olives et les tomates séchées. Salez, poivrez. Réservez au chaud.

Faites griller les filets de rouget sur les deux faces, soit au gril, soit dans une poêle antiadhésive avec un filet d'huile d'olive.

Répartissez l'accompagnement de votre choix sur quatre assiettes individuelles. Disposez-y les filets de rouget, la préparation aux tomates et versez un peu d'anchoïade sur le dessus ainsi qu'autour de l'assiette pour la décoration.

Filet de saumon à la crème d'olive

Temps de préparation : 10 minutes
Temps de cuisson : 20 minutes
Ingrédients pour 4 personnes

- 3 cuillerées à soupe d'huile d'olive
- 4 filets de saumon frais de 200 g environ avec la peau
- 200 g d'olives noires
- 3 échalotes émincées
- 15 cl de crème de soja (ou de crème fleurette allégée)
- Sel, poivre

Dans une poêle antiadhésive, versez 2 cuillerées à soupe d'huile d'olive, faites cuire à feu doux les filets de saumon une douzaine de minutes côté peau. Au dernier moment, retournez les filets et saisissez-les 1 minute sur le dessus.

Dénoyautez les olives noires et réduisez-les en purée. Gardez quelques olives coupées en rondelles pour la décoration.

Dans une casserole, faites revenir les échalotes dans 1 cuillerée à soupe d'huile d'olive. Salez légèrement. Faites réduire des deux tiers, puis ajoutez la purée d'olive. Laissez cuire 1 minute en remuant. Hors du feu, ajoutez la crème de soja. Rectifiez l'assaisonnement.

Enlevez la peau des filets avec un couteau fin.

Disposez les filets dans des assiettes individuelles. Versez la sauce sur le dessus. Décorez avec les olives restantes et disposez le légume d'accompagnement autour.

* Ce plat peut être accompagné de brocolis cuits à la vapeur, de mange-tout (voir p. 171) ou encore de ratatouille Montignac (voir p. 169).

Tartare de saumon au chèvre frais

Temps de préparation : 25 minutes
Temps de marinade : 30 minutes
Temps de réfrigération : 2 heures
Ingrédients pour 4 personnes

- 7 à 8 cuillerées à soupe d'huile d'olive
- Le jus de 2 citrons
- 1/2 botte d'aneth
- 1/2 botte de ciboulette
- 600 g de filet de saumon extra
- 200 g de chèvre frais
- 400 g de roquette
- Sel, poivre

Mélangez 5 cuillerées à soupe d'huile d'olive, le jus des citrons, la moitié de l'aneth et la moitié de la ciboulette ciselés. Salez, poivrez.

Coupez le saumon en morceaux et mettez-les à mariner pendant au moins 30 minutes. Retirez le saumon et conservez la marinade. Hachez grossièrement le saumon pour faire le tartare.

Ramollissez le chèvre en le mélangeant à la fourchette avec 1 cuillerée à soupe d'huile d'olive. Poivrez. Incorporez à la marinade et battez au fouet jusqu'à obtenir une crème épaisse. Ajoutez le tartare de saumon. Remuez énergiquement pour obtenir un mélange consistant.

Remplissez des cercles ou des ramequins huilés. Filmez et laissez 2 heures au réfrigérateur.

Au moment de servir, disposez la roquette dans les assiettes individuelles. Démoulez les ramequins d'un coup sec sur le centre de l'assiette, ajoutez les fines herbes réservées pour la décoration et éventuellement un peu de vinaigrette dans la périphérie de l'assiette.

Dorade à l'andalouse

Temps de préparation : 15 minutes
Temps de cuisson : 25 à 40 minutes
Ingrédients pour 4 personnes

- 4 petites dorades de 600 g chacune ou une dorade de 2,5 kg
- 20 cl + 2 cuillerées à soupe d'huile d'olive
- 2 cuillerées à soupe d'ail semoule
- 4 cuillerées à soupe d'herbes de Provence
- Une douzaine de gousses d'ail
- 2 citrons
- Sel, poivre

Préchauffez le four à 200 °C (th. 6/7). Disposez la ou les dorades dans un grand plat allant au four. Arrosez d'un peu d'huile d'olive. Salez, poivrez. Saupoudrez d'ail semoule et d'herbes de Provence. Enfournez et laissez cuire 25 minutes pour les petites dorades et 40 minutes pour la grosse.

Pendant ce temps, coupez les gousses d'ail en fines lamelles de 1 mm d'épaisseur. Versez 20 cl d'huile d'olive dans une casserole. Salez, poivrez et ajoutez l'ail émincé. Faites cuire à feu moyen jusqu'à ce que l'ail soit légèrement coloré. Il ne doit surtout pas brûler. Réservez.

Sortez la dorade du four. Ouvrez-la délicatement en enlevant l'arête centrale et disposez-la ainsi en éventail sur un plat de service chaud.
Au moment de servir, remettez la casserole d'huile aillée sur le feu. Arrosez les filets de poisson avec l'huile bouillante et répartissez harmonieusement les morceaux d'ail. Chaque convive pourra ensuite ajouter à sa guise un filet de citron.

Lotte aux champignons et au vin rouge

Temps de préparation : 20 minutes
Temps de cuisson : 25 minutes
Ingrédients pour 4 personnes

- 400 g de champignons de Paris
- 5 échalotes
- 3 cuillerées à soupe de graisse d'oie
- 25 cl de vin rouge très tannique (côtes-du-rhône)
- 1 cuillerée à soupe d'estragon finement haché
- 1 kg de lotte
- 1 bouquet de cerfeuil
- Sel, poivre

Coupez la partie sableuse des champignons avant de les laver. Hachez-les avec un grand couteau. Épluchez les échalotes et hachez-les très finement.

Dans une grande poêle, laissez fondre 2 cuillerées à soupe de graisse d'oie. Faites-y blondir les échalotes. Ajoutez les champignons. Mélangez bien et faites revenir l'ensemble sans cesser de remuer, jusqu'à l'évaporation de toute l'humidité naturelle des champignons.
Versez alors le vin rouge et laissez réduire de moitié à feu moyen. Incorporez l'estragon à la sauce et faites encore réduire à petit feu jusqu'à obtenir une sorte de purée. Salez et poivrez. Réservez au chaud.

Rincez la lotte et retirez les lambeaux de peau restants. Séchez-la avec du papier absorbant et coupez-la en tranches épaisses de 3 à 4 cm. Salez et poivrez les morceaux sur toutes les faces. Faites chauffer 1 cuillerée à soupe de graisse d'oie dans une poêle antiadhésive. Saisissez le poisson 3 à 4 minutes de chaque côté.

Pendant ce temps, rincez le cerfeuil. Réservez-en quelques brins pour la décoration. Hachez le reste et incorporez-le à la purée de champignons.

Disposez les morceaux de poisson sur des assiettes individuelles chaudes. Entourez de purée de champignons et décorez avec les brins de cerfeuil restants.

Filet de thon à la tomate

Temps de préparation : 15 minutes
Temps de cuisson : 15 minutes
Ingrédients pour 4 personnes

- 1 kg de tomates bien mûres
- 3 oignons
- 4 cuillerées à soupe d'huile d'olive
- 1 cuillerée à soupe de concentré de tomate
- 10 cl de vin blanc
- 1/2 cuillerée à café de gingembre moulu
- 1 pincée de safran
- 2 pincées de piment de Cayenne
- 150 g d'olives noires hachées
- 4 morceaux de filet de thon
- Quelques feuilles de basilic

Ébouillantez les tomates pendant 40 secondes puis passez-les sous l'eau froide. Pelez-les, coupez-les en quatre et épépinez-les. Détaillez la chair en petits dés et laissez égoutter dans une passoire.

Pelez les oignons et hachez-les. Faites-les blondir dans une poêle avec 2 cuillerées à soupe d'huile d'olive jusqu'à ce qu'ils soient bien moelleux, en évitant de les faire griller. Incorporez les tomates, le concentré de tomate et le vin blanc. Ajoutez le gingembre, le safran, le piment de Cayenne et les olives hachées. Faites cuire à feu doux, tout en remuant régulièrement pour faire évaporer le maximum de liquide. Vous obtiendrez ainsi une sauce plus épaisse. Réservez.

Essuyez le poisson avec du papier absorbant. Dans une poêle très chaude contenant 2 cuillerées à soupe d'huile d'olive, saisissez les filets de thon 1 minute de chaque côté, puis à nouveau 30 secondes.

Disposez le thon dans un plat, ou par portion dans des assiettes individuelles. Nappez avec la sauce et décorez de quelques feuilles de basilic. Versez un filet d'huile d'olive fraîche.

Filet de saumon en papillotes

Temps de préparation : 20 minutes
Temps de cuisson : 15 minutes
Ingrédients pour 4 personnes

- 4 blancs de poireaux
- 4 échalotes
- Huile d'olive
- 4 filets de saumon
- 4 branches d'aneth
- Le jus de 2 citrons verts
- Sel

Lavez et épluchez les blancs de poireaux. Détaillez des tronçons de 5 cm environ. Coupez-les en lamelles et retaillez-les en allumettes. Pelez les échalotes et hachez-les.

Chauffez 1 cuillerée à soupe d'huile d'olive dans une poêle. Faites revenir les échalotes. Ajoutez les allumettes de poireau. Mélangez. Couvrez et laissez fondre à feu moyen pendant 3 minutes. Découvrez, remuez et laissez encore sur le feu pendant 1 ou 2 minutes. Réservez. Préchauffez le four à 220 °C (th. 7/8).

Découpez 4 rectangles de papier sulfurisé ou de papier d'aluminium. Retirez la peau des filets de saumon. Épongez avec du papier absorbant et salez des deux côtés.

Hachez l'aneth. Mélangez l'aneth aux poireaux. Répartissez la moitié des légumes sur les papillotes ouvertes, puis posez les filets de saumon. Arrosez chaque filet de jus de citron. Recouvrez avec le reste des légumes.

Fermez les papillotes en ramenant l'un sur l'autre les deux bords larges. Tordez bien les extrémités pour assurer une bonne étanchéité. Enfournez pendant 10 minutes.

Ouvrez les papillotes et arrosez de jus de citron et d'un filet d'huile d'olive.

Thon à la tomate et aux olives

Temps de préparation : 25 minutes
Temps de cuisson : 30 minutes
Ingrédients pour 4 personnes

- 500 g de tomates
- 100 g d'olives noires dénoyautées
- 1 poivron vert en cubes
- 3 gousses d'ail
- 4 échalotes
- 4 cuillerées à soupe d'huile d'olive
- 10 cl de vin rouge
- 1 bouquet d'origan
- 4 tranches de filet de thon de 150 g
- Le jus d'1 citron
- 3 brins de persil plat
- Sel, poivre

Plongez les tomates 40 secondes dans l'eau bouillante, puis passez-les sous l'eau froide. Pelez-les, épépinez-les et détaillez la chair en morceaux. Hachez la moitié des olives.

Pelez l'ail et les échalotes et hachez-les finement. Chauffez 2 cuillerées à soupe d'huile d'olive dans une casserole, faites revenir le poivron, l'ail et les échalotes. Versez le vin rouge et déglacez à la spatule en bois. Ajoutez les tomates et remuez. Salez et poivrez. Couvrez et laissez mijoter 5 minutes à feu doux.

Incorporez les olives noires hachées et laissez réduire en purée à découvert pendant quelques minutes. Ajoutez les feuilles d'origan ainsi que le reste des olives. Préchauffez le four à 210 °C (th. 7).

Séchez le thon avec du papier absorbant. Arrosez-le de jus de citron. Laissez-le macérer 2 minutes. Salez et poivrez.

Dans une poêle, faites chauffer 2 cuillerées à soupe d'huile d'olive. Quand elle est brûlante, faites revenir le thon 1 minute de chaque côté.

Placez le poisson dans un plat allant au four. Nappez-le de sauce et laissez cuire au four 10 minutes. Avant de servir, parsemez le plat de persil.

Cabillaud aux brocolis

Temps de préparation : 25 minutes
Temps de cuisson : 50 minutes
Temps de réfrigération : 1 heure
Ingrédients pour 4 personnes

- 800 g de brocolis
- 3 échalotes
- 5 cuillerées à soupe d'huile d'olive
- 4 branches de persil plat
- 15 cl de crème fraîche allégée
- 4 œufs entiers
- 2 pincées de noix muscade râpée
- 15 cl de bouillon de légumes
- 15 cl de vin blanc
- 1 cuillerée à soupe de thym haché
- 4 pavés de cabillaud de 200 g avec la peau
- Sel, poivre

Divisez les brocolis en petits bouquets, ôtez les queues et hachez grossièrement.

Pelez les échalotes. Hachez-les et faites-les fondre avec 2 cuillerées à soupe d'huile d'olive. Réservez 300 g de brocolis pour la garniture, ajoutez le reste aux échalotes. Laissez cuire à feu doux une dizaine de minutes en remuant. Hachez le persil (réservez-en un peu pour la décoration) et ajoutez-le aux brocolis. Préchauffez le four à 210 °C (th. 7).

Huilez 4 ramequins. Réduisez les brocolis en purée. Ajoutez la crème et les œufs battus. Salez, poivrez et parfumez de noix muscade. Versez dans les ramequins puis placez-les dans un plat à gratin. Ajoutez de l'eau chaude et faites cuire au bain-marie 25 minutes environ.

Dans une casserole, versez le bouillon et le vin. Portez à ébullition. Ajoutez le thym. Jetez-y les brocolis mis de côté pour la garniture. Faites cuire 5 minutes.

Épongez le poisson sur du papier absorbant. Salez et poivrez du côté de la chair. Faites-le cuire à la poêle dans 3 cuillerées à soupe d'huile d'olive, 5 minutes côté peau et 2 minutes seulement côté chair.

Démoulez d'un coup sec les flans sur les assiettes. Posez le poisson, chair sur le dessus, entouré de brocolis. Versez un filet d'huile d'olive et décorez de persil.

Truites au vin blanc

Temps de préparation : 25 minutes
Temps de cuisson : 35 minutes
Ingrédients pour 4 personnes

- 4 truites vidées de 250 g au moins chacune
- 4 brins de romarin frais
- 300 g de champignons de Paris
- 2 citrons non traités
- 3 gousses d'ail
- 2 poireaux
- 2 cuillerées à soupe d'huile d'olive
- 20 cl de vin blanc sec
- Sel, poivre

Salez et poivrez les truites à l'intérieur et à l'extérieur. Placez un brin de romarin à l'intérieur de chacune d'elles.

Coupez la partie sableuse des champignons avant de les laver. Émincez-les.

Détaillez 1 citron en rondelles fines. Levez le zeste de l'autre citron et récupérez le jus. Hachez les gousses d'ail.

Lavez les poireaux et ne conservez que la partie comestible. Coupez-les finement en rondelles. Préchauffez le four à 210 °C (th. 7).

Répartissez l'huile d'olive dans le fond du plat de cuisson. Disposez les champignons, déposez les 4 truites, puis recouvrez-les des poireaux et des rondelles de citron. Placez les zestes de citron sur le dessus. Mélangez le vin blanc, le jus de citron et l'ail puis mouillez l'ensemble du plat. Réalisez un couvercle avec une grande feuille d'aluminium et fermez le plat hermétiquement. Enfournez et laissez cuire 35 minutes.

Bar au fenouil

Temps de préparation : 20 minutes
Temps de cuisson : 50 minutes
Ingrédients pour 4 personnes

- 3 grosses tomates
- 2 échalotes
- 3 gousses d'ail
- 3 cuillerées à soupe d'huile d'olive
- 15 cl de vin blanc
- 1 cuillerée à café de graines de fenouil
- 4 branches de fenouil
- 1 gros bar (vidé) de 1,5 kg au moins ou 2 de 800 g
- Sel, poivre

Plongez les tomates dans l'eau bouillante pendant 40 secondes puis passez-les sous l'eau froide. Pelez-les, épépinez-les et détaillez la chair en dés.

Pelez et hachez les échalotes et l'ail. Faites-les fondre dans une casserole avec 2 cuillerées à soupe d'huile d'olive. Ajoutez les dés de tomate et laissez réduire quelques minutes. Versez le vin blanc. Assaisonnez avec les graines de fenouil, salez, poivrez. Laissez mijoter à feu doux pendant 10 à 15 minutes. Préchauffez le four à 200 °C (th. 6/7).

Pliez en deux les branches de fenouil et glissez-les à l'intérieur du poisson. Salez, poivrez. Badigeonnez le bar de 1 cuillerée à soupe d'huile d'olive et placez-le dans un plat allant au four. Enfournez pendant 25 minutes.

Au sortir du four, enlevez délicatement la peau du dessus. Nappez avec la sauce à la tomate et enfournez à nouveau pour une dizaine de minutes.

* L'accompagnement idéal est du fenouil braisé. Faites cuire les bulbes dans l'eau salée pendant 40 minutes. Égouttez-les. Coupez-les en deux et faites revenir dans une poêle avec de l'huile d'olive jusqu'à ce qu'ils caramélisent légèrement.

Lotte aux épinards

Temps de préparation : 15 minutes
Temps de cuisson : 15 minutes
Ingrédients pour 4 personnes

- 500 g d'épinards
- 2 queues de lotte de 600 g chacune
- Le jus d'1 citron
- 1 noix de graisse d'oie
- 10 cl de vin blanc
- 2 cuillerées à café de poivre vert en saumure
- 15 cl de crème fraîche liquide allégée
- 1 cuillerée à soupe d'huile d'olive
- 2 ou 3 pincées de noix muscade
- Sel, poivre

Triez les épinards en ne gardant que les bonnes feuilles et en éliminant les grosses tiges. Lavez-les puis ébouillantez-les 4 minutes dans de l'eau salée. Réservez en les laissant égoutter dans une passoire.

Rincez la lotte puis séchez-la dans du papier absorbant. Retirez tous les lambeaux de peau restants. Avec un gros couteau, coupez chaque queue en tranches de 4 cm d'épaisseur.

Arrosez les morceaux de poisson de jus de citron. Salez et poivrez sur les deux faces. Laissez fondre la graisse d'oie dans une poêle chaude antiadhésive. Faites-y cuire la lotte 3 minutes de chaque côté. Retirez le poisson de la poêle et gardez-le au chaud au four à 80 °C (th. 2/3).

Versez le vin blanc dans la poêle et déglacez avec une spatule. Rincez le poivre vert et ajoutez-le dans la poêle. Versez la crème et laissez frémir jusqu'à ce que la sauce épaississe un peu.

Faites réchauffer les épinards pendant quelques minutes dans une casserole contenant 1 cuillerée à soupe d'huile d'olive. Salez, poivrez et ajoutez la muscade.

Servez la lotte nappée de sauce à côté des épinards.

Brochettes aux deux poissons

Temps de préparation : 20 minutes
Temps de cuisson : 10 minutes
Ingrédients pour 4 personnes

- 400 g de filet de thon
- 400 g de filet de saumon
- 1 poivron vert
- 1 courgette
- 12 tomates-cerises
- Le jus d'1 citron
- Herbes de Provence
- Huile d'olive
- Sel, poivre

Épongez les filets de poisson avec du papier absorbant. Coupez-les en dés de 3 à 4 cm de côté.

Ouvrez le poivron en deux. Épépinez-le et débarrassez-le de tous les filaments intérieurs. Détaillez en carrés de 3 à 4 cm de côté.

Coupez la courgette en deux dans la longueur. Taillez chaque partie en demi-rondelles de 2 cm.

Réalisez les brochettes en alternant tomate-cerise, thon, courgette, saumon, poivron et ainsi de suite. Aromatisez de jus de citron. Salez, poivrez et saupoudrez généreusement d'herbes de Provence.

Avant de mettre sur le gril, arrosez d'un filet d'huile d'olive. Laissez cuire les brochettes une dizaine de minutes en les retournant régulièrement pour qu'elles soient saisies sur toutes les faces. Versez éventuellement un nouveau filet d'huile d'olive au cours de la cuisson.

Foie gras poêlé aux raisins

Temps de préparation : 20 minutes
Temps de cuisson : 5 minutes
Ingrédients pour 4 personnes

- 600 g de raisin blanc à gros grain (type muscat)
- 4 escalopes de foie gras cru de 120 g environ
- 1 cuillerée à soupe de vinaigre balsamique
- 15 cl de pineau des Charentes
- Sel de Guérande
- Poivre du moulin

Lavez les raisins. Pelez les trois quarts en prenant soin d'éliminer le maximum de pépins. Pressez le reste pour en extraire le jus. Réservez.

Sortez les escalopes, salez et poivrez légèrement sur les deux faces. Préchauffez le four à 80 °C (th. 2/3).

Faites chauffer une poêle antiadhésive à feu très vif et sans aucune matière grasse. Il est impératif que la poêle soit brûlante. Poêlez les escalopes de foie gras 30 à

45 secondes sur chaque face afin de provoquer une caramélisation. Retirez de la poêle et disposez dans une assiette sur du papier absorbant. Réservez au four jusqu'au service.

Videz 90 % de la graisse de cuisson. Déglacez la poêle au vinaigre balsamique et au pineau. Laissez réduire 1 minute à feu moyen, puis ajoutez le jus de raisin. Augmentez le feu pour porter le liquide à ébullition. Laissez-le réduire d'un quart. Ajoutez les raisins pelés et laissez chauffer à feu moyen pendant 2 minutes environ. Salez et poivrez.
Servez les escalopes de foie gras au centre d'une assiette chaude. Versez tout autour la sauce en répartissant les raisins.

* Le foie gras n'est pas seulement un aliment festif à haute valeur gastronomique. Il a aussi un contenu nutritionnel tout à fait remarquable. Il est riche en phosphore, potassium, magnésium et fer. Ses acides gras essentiellement mono et polyinsaturés sont, de même que sa richesse en folate (B9), particulièrement favorables sur le plan de la protection cardio-vasculaire.

Poulet aux pommes

Temps de préparation : 20 minutes
Temps de cuisson : 1 h 30
Ingrédients pour 4 personnes

- 1 beau poulet fermier
- 4 pincées de piment de Cayenne
- 1 kg de pommes (granny smith ou golden)
- 1 grosse cuillerée à soupe de graisse d'oie (ou de canard)
- 1 cuillerée à café de cannelle en poudre
- 50 cl de cidre brut
- 1 cube de bouillon de poule dégraissé
- 25 cl de crème fleurette allégée (ou de crème de soja)
- Sel, poivre

Préchauffez le four à 200 °C (th. 6/7).

Placez le poulet dans le plat de cuisson. Salez, poivrez. Saupoudrez un peu de piment de Cayenne dans l'articulation des cuisses. Enfournez et faites cuire 1 h 30. Épluchez les pommes, coupez-les en quatre et débarrassez-les du cœur. Recoupez les quartiers en deux dans le sens de la largeur.

Dans une grande poêle, faites fondre la graisse d'oie, faites-y revenir les quartiers de pomme en remuant avec une spatule. Saupoudrez de cannelle. Salez. Les pommes sont cuites quand elles sont bien dorées et moelleuses. Évitez qu'elles ne s'écrasent. Réservez.
À mi-cuisson du poulet, arrosez avec le cidre. Gardez-en un bon verre pour la sauce. Dans une casserole, faites fondre le cube de bouillon de poule avec le verre de cidre. Réservez.

Lorsque le poulet est cuit, découpez-le dans le plat de cuisson afin d'en conserver tout le jus. Récupérez tout ce jus et versez-le dans la casserole de bouillon. Faites réduire si nécessaire. Incorporez la crème et chauffez à feu doux. Rectifiez l'assaisonnement et versez dans une saucière passée préalablement à l'eau très chaude. Réchauffez les pommes et servez chaud.

* En cas d'utilisation de crème de soja, chauffez la sauce avant de l'incorporer, car elle supporte mal la cuisson.

Foies de volaille sautés au gingembre

Temps de préparation : 5 minutes
Temps de cuisson : 15 minutes
Ingrédients pour 4 personnes

- 3 oignons
- 1 morceau de 2 à 3 cm de gingembre frais
- Quelques brins de coriandre fraîche ciselés
- 2 cuillerées à soupe d'huile d'olive
- 500 g de foies de volaille
- Sel, poivre

Émincez les oignons. Pelez le gingembre et râpez-le. Ciselez les brins de coriandre fraîche.

Faites revenir à feux doux les oignons dans une poêle avec de l'huile d'olive. Lorsque les oignons sont bien fondants, ajoutez les foies de volaille. Faites cuire à feu doux pendant une dizaine de minutes, en retournant les morceaux pour bien les saisir sur toutes les faces. Salez, poivrez.

Ajoutez le gingembre râpé et la coriandre, continuez la cuisson pendant 4 ou 5 minutes en remuant.

Servez chaud accompagné d'une belle salade verte.

Filet de poulet au curry

Temps de préparation : 15 minutes
Temps de cuisson : 15 minutes
Ingrédients pour 4 personnes

- 3 oignons
- 2 cuillerées à soupe d'huile d'olive
- 1 boîte de champignons de Paris émincés (400 g)
- 4 filets de poulet
- 1 noix de graisse d'oie (à défaut, de l'huile d'olive)
- 1 cuillerée à soupe de curry en poudre
- 25 cl de crème liquide allégée
- Sel, poivre

Émincez les oignons et faites-les revenir dans une cocotte à feu doux avec de l'huile d'olive jusqu'à ce qu'ils deviennent très tendres. Coupez le feu et réservez.

Égouttez les champignons dans une passoire.

Coupez les filets de poulet en morceaux de 2 à 3 cm. Laissez fondre la graisse d'oie dans une poêle et faites-y revenir pendant quelques minutes les morceaux de blanc de poulet à feu très doux en les retournant pour qu'ils soient saisis de chaque côté. Salez, poivrez. Saupoudrez la moitié du curry sur la viande. Mélangez et versez dans la cocotte.

Ajoutez les oignons, les champignons ainsi que la crème liquide et le reste de curry. Mélangez le tout et faites cuire à couvert 3 minutes puis à découvert pendant 3 ou 4 autres minutes pour épaissir la sauce.

* En phase I, ce plat devra être accompagné de quinoa. En phase II, ce plat pourra être accompagné de riz basmati ou de riz complet.

Blancs de poulet au parmesan

Temps de préparation : 15 minutes
Temps de cuisson : 20 minutes
Ingrédients pour 4 personnes

- 5 blancs de poulet (ou de dinde)
- 1 cuillerée à café de thym en poudre
- 3 cuillerées à soupe d'huile d'olive
- 2 gousses d'ail écrasées au mortier ou à la pince
- 1 yaourt entier
- 1 bouquet de persil haché
- 200 g de parmesan râpé
- Sel, poivre

Coupez les blancs de poulet en morceaux de 2 à 4 cm de côté. Salez, poivrez et saupoudrez d'un peu de thym.

Dans un grand bol, versez 3 cuillerées à soupe d'huile d'olive. Ajoutez l'ail écrasé et le yaourt. Battez au fouet. Versez ensuite le persil haché. Salez, poivrez. Incorporez les blancs de poulet et mélangez. Préchauffez le four à 200 °C (th. 6/7).

Placez le parmesan dans une assiette creuse. Roulez chaque morceau de poulet dans le parmesan. Déposez-les sur le fond d'un plat à gratin préalablement huilé. Les morceaux peuvent se côtoyer, mais non se chevaucher.

S'il reste du parmesan, répartissez-le harmonieusement à la surface des morceaux de poulet.
Enfournez 15 à 20 minutes, jusqu'à ce que le poulet soit cuit à point.

Servez sur une grosse salade verte à la vinaigrette provençale (voir recette de vinaigrette p. 87)

Foies de volaille à la provençale

Temps de préparation : 5 minutes
Temps de cuisson : 15 minutes
Ingrédients pour 4 personnes

- 4 gousses d'ail
- 125 g de concentré de tomate
- 1 verre de vin blanc sec
- 1 cuillerée à soupe de graisse d'oie
- 600 g de foies de volaille parés
- 1/2 cuillerée à café d'herbes de Provence
- 3 brins de persil plat
- Sel, poivre

Pelez l'ail et hachez-le finement.

Versez le concentré de tomate dans un bol. Désépaississez-le avec le vin blanc chaud. Salez, poivrez.

Laissez fondre la graisse d'oie dans une poêle. Ajoutez l'ail haché. Faites-y dorer les foies de volaille en les retournant régulièrement pour que la cuisson soit uniforme. Saupoudrez d'herbes de Provence en début de cuisson. Salez, poivrez et réservez au chaud.
Dressez les foies de volaille sur des assiettes chaudes individuelles. Nappez de sauce tomate. Saupoudrez de persil.

* Ce plat peut être accompagné de flageolets, de lentilles vertes ou de quinoa.

Poulet au pastis et au fenouil

Temps de préparation : 10 minutes
Temps de cuisson : 1 h 15
Temps de réfrigération : 1 heure
Ingrédients pour 4 personnes

- 1 poulet fermier de 1,5 kg prêt à cuire
- 15 gousses d'ail nettoyées et épluchées
- Huile d'olive
- 1/2 verre de pastis
- 1 pincée de piment de Cayenne
- 1 cuillerée à café d'herbes de Provence
- 200 g d'olives noires dénoyautées
- 4 bulbes de fenouil
- 1 noix de graisse d'oie
- Sel, poivre du moulin

Préchauffez le four à 200 °C (th. 6/7). Salez et poivrez l'intérieur du poulet. Ajoutez 5 gousses d'ail.

Placez le poulet dans un grand plat. Badigeonnez-le généreusement de tous les côtés d'huile d'olive. Arrosez avec le pastis. Salez, poivrez, ajoutez le piment de Cayenne et saupoudrez d'herbes de Provence. Disposez les gousses d'ail restantes dans le plat autour du poulet ainsi que les olives noires. Enfournez 1 h 15. Cependant, il faudra penser à arroser le poulet trois ou quatre fois avec son jus de cuisson, en ajoutant si nécessaire de l'eau chaude.

Pendant ce temps, faites cuire les bulbes de fenouil dans l'eau salée pendant 40 minutes. Égouttez-les, coupez-les en deux dans la longueur, et faites-les revenir dans une poêle avec de la graisse d'oie jusqu'à ce qu'ils deviennent bien dorés. Placez-les dans le plat autour du poulet dans le dernier quart d'heure de cuisson.

Découpez le poulet dans son plat de cuisson afin de recueillir un maximum de jus. Dressez les morceaux sur un plat de service chaud ou encore mieux, servez dans le plat de cuisson.

Confit de canard aux pommes

Temps de préparation : 20 minutes
Temps de cuisson : 45 minutes
Ingrédients pour 4 personnes

- 1 boîte de confit de canard contenant 4 cuisses
- 12 pommes vertes granny smith
- Cannelle en poudre
- Quelques brins de persil plat
- Sel, poivre

Préchauffez le four à 80 °C (th. 2/3). Ouvrez la boîte de confit de canard. Prélevez 5 cuillerées à soupe de graisse. Placez la boîte de conserve au four et attendez que la graisse soit complètement fondue.

Pendant ce temps, épluchez les pommes. Coupez-les en quartiers et enlevez le cœur, puis recoupez chaque quartier en deux.

Laissez fondre les 5 cuillerées à soupe de graisse de canard dans une grande poêle antiadhésive. Faites-y revenir les morceaux de pomme à feu moyen en remuant très régulièrement. Salez, poivrez et saupoudrez généreusement de cannelle. Continuez la cuisson jusqu'à ce que les morceaux de pomme deviennent moelleux. Ils doivent légèrement caraméliser, mais ne jamais brûler. Le feu doit être ajusté en conséquence.

Lorsque la graisse de la boîte est totalement fondue, sortez délicatement les cuisses et déposez-les sur une assiette pour laisser la graisse s'écouler. Disposez-les (peau sur le dessus) dans un plat à gratin. Allumez le gril du four et laissez cuire pendant 10 à 15 minutes à

20 cm sous le gril. La peau des cuisses peut légèrement griller, mais il faut éviter que la viande ne se dessèche.

Disposez les cuisses sur des assiettes individuelles, entourez-les de pomme et décorez avec le persil plat.

Croque-aubergine

Temps de préparation : 15 minutes
Temps de cuisson : 20 minutes
Ingrédients pour 4 personnes

- 2 grosses aubergines
- Huile d'olive
- 8 tranches de jambon de Parme
- 8 à 10 tranches de fromage à sandwich
- Herbes de Provence
- Basilic frais
- Sel, poivre

Préchauffez le four à 200 °C (th. 6/7).

Coupez les aubergines dans le sens de la longueur en lamelles de 1 cm d'épaisseur. Laissez-les dégorger 30 minutes en les salant sur chaque face. Faites-les revenir des deux côtés dans une poêle généreusement graissée à l'huile d'olive. Salez et poivrez très légèrement, réservez.

Passez les tranches de jambon de Parme quelques secondes à la poêle.
Placez les tranches d'aubergine sur le fond d'un plat à gratin. Répartissez le jambon sur le dessus. Complétez le croque en disposant les tranches de fromage à sandwich. Saupoudrez d'herbes de Provence. Enfournez pendant 10 à 15 minutes, le temps de faire fondre le fromage.

Servez en décorant de feuilles de basilic.

Champignons farcis

Temps de préparation : 20 minutes
Temps de cuisson : 35 minutes
Ingrédients pour 4 personnes

- 12 très gros champignons de Paris
- 2 oignons finement hachés
- 2 cuillerées à soupe d'huile d'olive
- 2 gousses d'ail pilées
- 50 g de maigre de jambon cru finement haché
- 100 g de blanc de poulet finement haché
- 5 cl de bouillon de volaille dégraissé
- 2 cuillerées à soupe de parmesan râpé
- 2 cuillerées à soupe de persil haché
- Sel, poivre

Coupez le pied des champignons. Pelez délicatement les chapeaux à partir de la collerette. Hachez les pieds après en avoir enlevé le bout terreux.

Dans une cocotte, faites revenir les oignons dans l'huile d'olive jusqu'à ce qu'ils soient bien moelleux. Ajoutez les pieds des champignons hachés et l'ail. Remuez pendant une bonne minute. Incorporez le jambon, le poulet et suffisamment de bouillon pour bien imprégner le tout. Salez, poivrez.

Préchauffez le four à 190 °C (th. 6/7). Farcissez les champignons et disposez-les dans un plat allant au four. Versez un gros filet d'huile d'olive sur chaque champignon. Saupoudrez de parmesan. Laissez cuire pendant 20 à 30 minutes.

Servez très chaud sur un lit de salade après avoir saupoudré de persil.

Côtes de veau aux deux poivrons

Temps de préparation : 15 minutes
Temps de cuisson : 1 h 10
Ingrédients pour 4 personnes

- 2 poivrons verts et 2 poivrons rouges
- 5 cuillerées à soupe d'huile d'olive
- 6 tomates bien mûres
- 3 gousses d'ail
- 3 échalotes
- 1 verre de vin rouge très tannique (côtes-du-rhône, corbières)
- 1 cuillerée à café de piment doux en poudre
- 4 côtes de veau de 200 g chacune
- 1 noix de graisse d'oie
- 3 brins de persil plat
- 2 citrons
- Sel, poivre

Coupez les poivrons en deux. Débarrassez-les de tout ce qui se trouve à l'intérieur : pédoncule, graines et filaments blancs. Plongez-les dans l'eau bouillante pendant 10 minutes. Égouttez-les et détaillez-les en morceaux de 2 à 4 cm de côté. Dans une casserole, faites-les revenir dans 2 à 3 cuillerées à soupe d'huile d'olive. Laissez cuire à feu moyen pendant 20 à 25 minutes, tout en remuant régulièrement.

Plongez les tomates 40 secondes dans l'eau bouillante, puis passez-les sous l'eau froide. Pelez-les et coupez-les en quatre. Épépinez et ne gardez que la pulpe. Réservez. Pelez l'ail et les échalotes. Hachez-les finement.

Faites fondre l'ail et l'échalote dans une autre casserole contenant 2 cuillerées à soupe d'huile d'olive. Ajoutez la pulpe de tomate et le vin rouge. Salez, poivrez et laissez mijoter 15 minutes. Incorporez le poivron à la sauce tomate. Assaisonnez avec le piment. Réservez.

Salez et poivrez les deux faces des côtes de veau. Faites fondre la graisse d'oie dans une poêle. Quand elle est bien chaude, faites-y revenir les côtes de veau 8 minutes de chaque côté. Pendant ce temps, hachez la moitié du persil.

Disposez les côtes dans le plat ou des assiettes individuelles. Entourez de sauce. Garnissez avec les citrons coupés en deux et saupoudrez de persil haché et entier.

Gratin d'aubergine aux petits lardons

Temps de préparation : 30 minutes
Temps de cuisson : 1 heure
Temps de réfrigération : 1 heure
Ingrédients pour 4 personnes

- 5 petites aubergines
- Huile d'olive
- 4 gros oignons
- 100 g de petits lardons très fins (allumettes)
- 1 petite boîte de concentré de tomate (140 g)
- 150 g de gruyère râpé
- 2 boules de mozzarella
- Herbes de Provence
- Sel, poivre

Coupez les aubergines en fines tranches de 0,5 cm d'épaisseur. Salez-les des deux côtés et laissez-les dégorger 20 minutes. Épongez-les avec du papier absorbant, puis badigeonnez-les légèrement d'huile d'olive au pinceau. Faites-les revenir dans une grande poêle (ou sur une « plancha ») et laissez cuire à feu doux jusqu'à ce qu'elles deviennent dorées et très moelleuses. Veillez à ne pas les faire griller.

Pelez et émincez les oignons. Faites-les revenir à feu doux dans de l'huile d'olive jusqu'à ce qu'ils soient transparents et très moelleux. Réservez sur du papier absorbant.

Faites revenir les petits lardons à feu doux pour leur faire rendre le maximum de graisse sans les griller. Réservez sur du papier absorbant. Épongez les aubergines sur du papier absorbant. Tapissez le fond d'un grand plat à gratin avec les tranches d'aubergine, comme pour un fond de tarte. Les tranches peuvent se chevaucher sur deux ou trois niveaux. Étalez le concentré de tomate d'une manière uniforme sur les aubergines frites. Répartissez les oignons sur toute la surface. Faites de même avec les petits lardons, puis couvrez de gruyère râpé.

Découpez les boules de mozzarella en fines tranches, de manière à couvrir l'ensemble de la surface du plat. Salez légèrement. Poivrez et parsemez d'herbes de Provence. Placez sous le gril jusqu'à ce que la mozzarella soit complètement fondue. Servez chaud avec une bonne salade verte.

* Ce gratin peut aussi être réalisé dans des plats individuels.

Gratin d'endives au jambon

Temps de préparation : 5 minutes
Temps de cuisson : 45 minutes
Ingrédients pour 4 personnes

- 4 endives
- 8 tranches de jambon blanc
- Huile d'olive
- 30 cl de crème fraîche liquide allégée
- 200 g de gruyère râpé
- Quelques brins de persil (pour la décoration)
- Sel, poivre

Coupez la base des endives. Éliminez les feuilles abîmées. Placez-les dans le panier d'un cuit-vapeur et faites cuire pendant 30 minutes. Égouttez et laissez refroidir. Coupez-les en deux et égouttez-les encore. Salez et poivrez.

Roulez les demi-endives dans une tranche de jambon. Placez-les dans le fond d'un plat à gratin préalablement huilé à l'huile d'olive. Préchauffez le four à 200 °C (th. 6/7).

Dans un bol, versez la crème liquide et les deux tiers du gruyère râpé. Mélangez énergiquement jusqu'à l'obtention d'une sorte de béchamel bien homogène. Versez sur le dessus des endives. Ajoutez le reste de gruyère sur le dessus. Enfournez et laissez cuire 10 à 15 minutes, le temps que le dessus soit bien doré.

Décorez de brins de persil.

Entrecôte marchand de vin

Temps de préparation : 5 minutes
Temps de cuisson : 20 minutes
Ingrédients pour 4 personnes

- 10 échalotes
- 2 noix de graisse d'oie
- 25 cl de vin rouge très tannique (corbières)
- 2 entrecôtes épaisses de 400 g chacune
- 1 bouquet de persil haché
- Sel, poivre

Pelez et hachez finement les échalotes. Faites-les fondre à petit feu dans une poêle avec une grosse noix de graisse d'oie. Ajoutez le vin. Laissez réduire jusqu'à ce que la sauce devienne onctueuse. Salez, poivrez et gardez au chaud à tout petit feu.

Dans une autre poêle, laissez fondre une noix de graisse d'oie. Faites cuire les entrecôtes à feu vif 2 à 4 minutes sur chaque face, en fonction de l'épaisseur et de la cuisson désirée. L'entrecôte se mange généralement saignante.

Coupez des lanières d'entrecôte de 3 cm dans la largeur. Répartissez-les sur des assiettes individuelles chaudes. Nappez de sauce et décorez avec le persil.

Côtes de porc aux lentilles verte

Temps de préparation : 5 minutes
Temps de cuisson : 40 minutes
Ingrédients pour 6 personnes

- 1 litre de bouillon de volaille dégraissé
- 1 gros oignon
- 1 noix de graisse d'oie
- 6 côtes de porc
- 150 g de petits lardons fumés
- 500 g de lentilles vertes du Puy
- 1 petit oignon piqué de 3 clous de girofle
- 1 bouquet garni
- Sel, poivre

Préparez le bouillon de volaille dans une cocotte. Émincez l'oignon.

Laissez fondre 1 noix de graisse d'oie dans une poêle antiadhésive. Faites dorer les côtes de porc à feu vif sur les deux faces 1 minute de chaque côté. Réservez. Dans la même poêle et la même graisse, faites revenir l'oignon et les lardons.

Jetez les lentilles dans le bouillon de volaille. Ajoutez l'oignon et les lardons sans leur graisse de cuisson. Ajoutez ensuite l'oignon piqué et le bouquet garni. Placez les côtes de porc sur le dessus. Faites mijoter à couvert pendant 30 à 35 minutes. Les lentilles doivent être tendres, mais pas en purée. Ajoutez l'assaisonnement en fin de cuisson.

Avant de servir, enlevez l'oignon piqué et le bouquet garni.

Brochettes de filet mignon aux pruneaux

Temps de préparation : 20 minutes
Temps de cuisson : 10 minutes
Ingrédients pour 4 personnes

- 12 pruneaux dénoyautés
- 20 cl de vin blanc
- 1 filet mignon de porc
- 4 oignons moyens
- 12 tranches de bacon fumé
- 8 feuilles de laurier
- 1 filet d'huile d'olive
- Herbes de Provence
- Sel, poivre

Faites pocher les pruneaux à feu doux pendant 5 minutes dans le vin blanc. Éteignez le feu. Couvrez et laissez gonfler 10 minutes.

Coupez le filet mignon en une douzaine de cubes.

Pelez les oignons et coupez-les en quatre.

Égouttez les pruneaux. Enroulez chaque pruneau dans une tranche de bacon.

Réalisez les brochettes en alternant : les feuilles de laurier, les cubes de viande, les quartiers d'oignon, les pruneaux au lard. Arrosez d'un filet d'huile d'olive. Salez, poivrez et saupoudrez d'herbes de Provence.

Faites cuire sur le gril 5 minutes de chaque côté.

* Ce plat peut être accompagné de ratatouille Montignac (voir recette p. 169).

Onglet sur paillasson d'échalote

Temps de préparation : 12 minutes
Temps de cuisson : 15 minutes
Ingrédients pour 4 personnes

- 600 g d'échalote
- 2 cuillerées à soupe de graisse d'oie
- 4 onglets de 200 g chacun
- Persil plat
- Sel, poivre

Préchauffez le four à 100 °C (th. 3/4).

Pelez les échalotes. Coupez-les en fines rondelles. Dans une grande poêle, laissez fondre la graisse d'oie et faites revenir les échalotes à feu très doux en remuant à la spatule jusqu'à ce qu'elles brunissent, mais sans jamais les laisser brûler. Salez et poivrez. Sortez-les de la poêle avec une écumoire et déposez-les sur du papier absorbant pour les dégraisser. Réservez au four chaud en les répartissant dans 4 assiettes individuelles.

Dans la même poêle et dans la même graisse de cuisson, faites dorer à feu très vif les onglets 1 à 2 minutes de chaque côté selon l'épaisseur et votre préférence de cuisson. L'onglet se mange très saignant, voire bleu pour ceux qui aiment. Salez et poivrez.

Sortez les assiettes du four et posez les onglets sur le paillasson d'échalote. Décorez avec le persil.

Bœuf au paprika

Temps de préparation : 15 minutes
Temps de cuisson : 15 minutes
Ingrédients pour 4 personnes

- 2 gros oignons
- 1 noix de graisse d'oie
- 1/2 boîte de champignons de Paris émincés (110 g)
- 500 g de bœuf maigre, dans la tranche
- 100 g de cornichons hachés
- 1 cuillerée à soupe de paprika
- 2 pincées de piment de Cayenne
- 15 cl de vin rouge
- 15 cl de crème fraîche allégée
- Sel, poivre

Pelez et hachez les oignons. Faites-les revenir dans une grande poêle avec la graisse d'oie. Ajoutez les champignons. Laissez cuire 2 minutes puis versez dans une cocotte en laissant la graisse de cuisson dans la poêle.

Détaillez la viande de bœuf en lanières de 5 à 6 cm de long sur 1 cm. Faites-les revenir dans la poêle des oignons 1 minute en remuant bien et en ajoutant si nécessaire un peu de graisse d'oie. Salez et poivrez. Versez dans la cocotte.

Placez la cocotte sur feu doux, ajoutez les cornichons hachés, le paprika et le piment de Cayenne. Mouillez avec le vin rouge. Laissez cuire 3 minutes en remuant. Ajoutez la crème fraîche et laissez cuire encore 3 minutes. Servez chaud.

* Ce plat peut être accompagné de brocolis, de choux-fleurs ou de choux de Bruxelles.

Carré d'agneau aux champignons

Temps de préparation : 10 minutes
Temps de cuisson : 25 minutes
Ingrédients pour 4 personnes

- 400 g de champignons de Paris frais
- Le jus de 1 citron
- 16 oignons grelots
- 5 gousses d'ail
- 2 carrés d'agneau de 6 côtes chacun (1,3 kg environ)
- Huile d'olive
- Herbes de Provence
- 1 verre de vin blanc sec
- 4 brins de romarin frais
- Sel, poivre

Coupez le bout terreux des champignons. Nettoyez-les puis coupez-les en grosses lamelles, et arrosez de jus de citron.

Pelez les oignons ainsi que les gousses d'ail. Détaillez-les en grosses lamelles. Préchauffez le four à 240 °C (th. 8).

Insérez les lamelles d'ail dans le carré d'agneau à l'aide d'un couteau tranchant pointu. Badigeonnez la viande d'huile d'olive, puis saupoudrez d'herbes de Provence. Enfournez pendant 15 minutes. Salez, poivrez puis continuez la cuisson pendant 7 minutes pour avoir une viande saignante. Prolongez la cuisson de 3 minutes pour une viande à point.

Pendant ce temps, versez 2 cuillerées à soupe d'huile d'olive dans une poêle et faites dorer les oignons. Ajoutez les champignons. Salez, poivrez. Faites transpirer les champignons à feu doux en remuant à la spatule.

Coupez chacun des carrés d'agneau en deux. Placez un demi-carré (3 côtes) dans chacune des assiettes chaudes. Disposez autour les légumes. Déglacez le plat de cuisson de la viande avec le verre de vin blanc. Versez dans la poêle et déglacez-la à son tour. Versez la sauce sur les carrés et décorez d'un brin de romarin.

Piperade basque

Temps de préparation : 20 minutes
Temps de cuisson : 1 heure
Temps de réfrigération : 1 heure
Ingrédients pour 4 personnes

- 4 piments verts doux
- 2 gros oignons
- 4 gousses d'ail
- 2 cuillerées à soupe d'huile d'olive
- 6 tomates moyennes bien mûres
- 6 œufs entiers
- 1 pincée de piment de Cayenne en poudre
- 1 noix de graisse d'oie
- 4 belles tranches épaisses de jambon cru
- Sel, poivre

Épépinez et épluchez avec la pointe du couteau les piments verts. Faites-les blanchir 2 ou 3 minutes dans l'eau bouillante.

Pelez et émincez les oignons. Pilez l'ail.

Chauffez l'huile d'olive dans une cocotte, faites-y revenir les oignons à feu doux sans trop les colorer. Ajoutez les tomates coupées en quartiers, les piments verts et l'ail. Salez, poivrez. Laissez cuire pendant 30 à 40 minutes jusqu'à ce que les tomates aient rendu leur eau.

Dans un bol, battez les œufs en omelette. Salez et poivrez très légèrement. Versez sur la piperade et laissez cuire sans remuer. En fin de cuisson, cela ressemble à des œufs brouillés. Ajoutez une pincée de piment de Cayenne sur le dessus.

Laissez fondre la graisse d'oie dans une poêle et faites blondir le jambon 10 à 15 secondes par face. Déposez-le ensuite sur la piperade.

Omelette aux aubergines

Temps de préparation : 20 minutes
Temps de cuisson : 40 minutes
Ingrédients pour 4 personnes

- 1 belle aubergine
- 3 tomates moyennes
- 1/2 cuillerée à soupe d'huile d'olive
- 1 oignon émincé
- 6 gros œufs
- 200 g de gruyère râpé
- Sel, poivre

Détaillez l'aubergine en gros dés de 2 cm de côté. Faites-les cuire à la vapeur 30 à 35 minutes. Les morceaux sont cuits quand ils sont très moelleux, voire mous, et qu'ils ont pris une couleur marron. Après cuisson, placez-les dans une grande passoire et laissez égoutter au moins 1 heure.

Ébouillantez les tomates 40 secondes, puis passez-les sous l'eau froide. Pelez-les puis videz-les pour ne conserver que la pulpe coupée en petits dés. Égouttez sur un papier absorbant.

Allumez le gril du four et positionnez en haut.

Chauffez un peu d'huile d'olive dans une grande poêle. Faites-y revenir les oignons émincés jusqu'à ce qu'ils deviennent bien fondants. Pendant ce temps, battez les œufs en omelette dans un bol. Salez, poivrez. Versez les œufs battus dans la poêle sur les oignons. Ajoutez les aubergines et les tomates en les répartissant harmonieusement. Remuez délicatement pour obtenir une cuisson uniforme. Salez et poivrez légèrement.

Hors du feu, répandez le gruyère d'une manière uniforme sur la totalité de l'omelette. Placez la poêle sous le gril du four en laissant la porte ouverte pour garder la queue à l'extérieur et surveillez la cuisson. Dès que le fromage a gratiné, sortez la poêle du four et servez chaud avec une salade de saison.

Tortilla de légumes au chorizo

Temps de préparation : 15 minutes
Temps de cuisson : 10 minutes
Temps de réfrigération : 1 heure
Ingrédients pour 4 personnes

- 1 oignon
- 2 gousses d'ail
- 1 poivron rouge
- 50 g de petits pois (en boîte)
- 4 asperges en bocal de verre
- 50 g de champignons de Paris émincés (en boîte)
- 200 g de jambon cru
- 100 g de chorizo
- 1 cœur d'artichaut
- 2 cuillerées à soupe d'huile d'olive
- 8 gros œufs frais
- 2 brins de persil plat
- Sel, poivre

Épluchez et émincez l'oignon. Hachez l'ail.

Coupez le poivron en deux. Épépinez-le et réduisez en tout petits dés.

Ouvrez les boîtes de petits pois, d'asperges et de champignons. Faites-les égoutter dans une passoire.

Coupez le jambon en fines lamelles et le chorizo en rondelles. Détaillez les asperges en tronçons de 2 cm. Coupez le cœur d'artichaut en morceaux.

Dans une poêle, faites revenir l'oignon émincé et les dés de poivron dans 1 cuillerée à soupe d'huile d'olive chaude. Mélangez constamment avec une spatule en bois. Ajoutez l'ail et les champignons en fin de cuisson.

Dans une jatte, cassez les œufs et battez-les en omelette. Salez, poivrez. Versez le contenu de la poêle puis incorporez tous les autres ingrédients. Mélangez.

Faites chauffer 1 cuillerée à soupe d'huile d'olive dans une grande poêle. Versez le contenu de la jatte et faites cuire à feu vif en remuant délicatement à la fourchette pour obtenir une cuisson homogène.

Décorez de persil plat et servez chaud.

Omelette andalouse

Temps de préparation : 10 minutes
Temps de cuisson : 10 minutes
Ingrédients pour 4 personnes

- 5 tomates
- 3 gros oignons
- 2 poivrons rouges
- 2 et 1/2 cuillerées à soupe d'huile d'olive
- 8 œufs entiers
- Persil
- Sel, poivre

Plongez les tomates dans l'eau bouillante pendant 40 secondes, puis passez-les sous l'eau froide. Pelez-les, épépinez-les et détaillez la chair en morceaux. Réservez dans la passoire pour les faire égoutter.

Hachez les oignons. Videz les poivrons, puis coupez-les en très fines lanières.

Faites dorer légèrement les oignons dans une casserole avec 2 cuillerées à soupe d'huile d'olive. Ajoutez les poivrons et continuez la cuisson à petit feu en remuant régulièrement. Incorporez les tomates. Dès qu'elles ont fondu, réservez.

Dans un saladier, battez les œufs. Salez et poivrez. Mettez à chauffer la poêle avec 1/2 cuillerée à soupe d'huile d'olive. Quand elle est chaude, versez-y les œufs et laissez prendre à feu vif pendant 2 à 3 minutes, tout en mélangeant avec une spatule (ou une fourchette) pour que l'omelette cuise de façon homogène.

Dès qu'elle est un peu sèche sur les bords et encore baveuse au centre, placez au milieu la moitié de la fondue de légumes. Laissez cuire un instant puis repliez l'omelette et faites-la glisser sur un plat long.

Disposez à chaque extrémité le reste des légumes et saupoudrez de persil.

Aubergines farcies à la provençale

Temps de préparation : 15 minutes
Temps de cuisson : 50 minutes
Ingrédients pour 4 personnes

- 2 aubergines de taille moyenne
- Huile d'olive
- 200 g de champignons de Paris (en boîte ou frais)
- 2 gousses d'ail hachées
- 1 cuillerée à soupe de menthe hachée
- 1 cuillerée à soupe de persil
- 60 g d'olives noires dénoyautées et coupées en fines rondelles
- 1 œuf
- Sel, poivre du moulin

Préchauffez le four à 210 °C (th. 7).
Lavez les aubergines, coupez les extrémités et fendez-les en deux dans la longueur. Avec la pointe d'un couteau, incisez délicatement et quadrillez les chairs en évitant de percer la peau. Salez et arrosez d'huile d'olive. Disposez les aubergines sur un plat de cuisson et enfournez 30 minutes.

Hachez les champignons. Dans une cocotte, faites chauffer 2 à 3 cuillerées à soupe d'huile d'olive, faites-y revenir les champignons hachés en remuant avec une spatule pour leur faire perdre leur humidité. Réservez.

Retirez les aubergines du four. À l'aide d'une cuillère à café, évidez la pulpe des 4 demi-aubergines en prenant soin de ne pas endommager la peau. Écrasez-la à la fourchette pour en faire une purée grossière.
Remettez la cocotte sur le feu en y incorporant la pulpe d'aubergine. Mélangez bien avec une spatule pendant 1 à 2 minutes, puis coupez le feu.

Pour la préparation de la farce, ajoutez dans la cocotte l'ail, la menthe, le persil, les olives noires et l'œuf battu au fouet. Salez, poivrez. Mélangez avec la spatule. Garnissez les peaux des aubergines avec la farce. Disposez-les dans un plat à gratin huilé. Enfournez et laissez cuire pendant 15 minutes à 210 °C (th. 7). Servez bien chaud avec une salade verte.

Poivrons farcis au riz basmati

Temps de préparation : 5 minutes
Temps de cuisson : 40 minutes
Temps de réfrigération : 1 heure
Ingrédients pour 4 personnes

- 2 oignons
- 4 poivrons rouges
- 50 g de concentré de tomate
- 400 g de riz basmati cuit

- 3 blancs d'œufs
- 1 cuillerée à soupe d'estragon (frais ou sec)
- 1 cuillerée à soupe de cardamome en poudre
- Sel, poivre

Pelez les oignons puis émincez-les. Faites-les cuire 15 minutes à la vapeur.
Lavez les poivrons et videz-les complètement. Faites-les cuire entiers à la vapeur pendant 20 à 25 minutes.
Préchauffez le four à 180 °C (th. 6).

Diluez légèrement le concentré de tomate avec un peu d'eau chaude.
Dans un bol, mélangez le riz cuit, le concentré de tomate, les oignons et les blancs d'œufs battus en omelette. Ajoutez l'estragon et la cardamome. Salez, poivrez. Mélangez jusqu'à l'obtention d'une farce homogène.

Remplissez les poivrons avec cette préparation et disposez-les dans un plat à gratin. Enfournez et faites cuire 20 minutes.

* Ce plat peut être servi avec une sauce tomate au basilic (voir recette p. 173).

* Ce plat glucidique sans graisse convient particulièrement bien en phase I.

Brochettes de tofu

Temps de préparation : 10 minutes
Temps de cuisson : 15 minutes
Ingrédients pour 4 personnes

- 4 grosses tomates
- 4 oignons moyens
- 2 poivrons (1 vert et 1 rouge)
- 200 g de tofu fumé
- 1/2 cuillerée à café de cumin
- 1/2 cuillerée à café de muscade
- 1 filet d'huile d'olive (facultatif)
- Sel

Lavez les tomates et fendez-les en six.

Pelez les oignons et coupez-les en six.

Lavez et épépinez les poivrons puis détaillez-les en carrés de 3 cm de côté.

Coupez le tofu en cubes.

Enfilez les morceaux sur 4 brochettes en alternant tomate, oignon, poivron et tofu. Saupoudrez de cumin et de muscade. Faites cuire sous le gril, au barbecue ou au four à 210 °C (th. 7) 12 à 15 minutes selon la cuisson désirée.

Salez en fin de cuisson.

Servez en arrosant éventuellement d'un filet d'huile d'olive.

Chili végétarien

Temps de préparation : 20 minutes
Temps de cuisson : 30 minutes
Ingrédients pour 5 personnes

- 1 poivron vert
- 3 oignons émincés
- 2 cuillerées à soupe d'huile d'olive
- 2 gousses d'ail pilées
- 1 boîte de haricots rouges (800 g)
- 1 boîte de champignons de Paris émincés (400 g)
- 1 boîte de tomates entières au naturel
- 25 cl de purée de tomate
- 6 cuillerées à café de concentré de tomate
- 1 cuillerée à café de cumin
- 3 cuillerées à café de chili
- 1 cuillerée à café d'origan sec
- 1 cuillerée à soupe de chocolat en poudre non sucré
- 1 pincée de piment de Cayenne
- 25 cl de vin rouge
- Sel, poivre

Ouvrez le poivron, épépinez-le et videz-le complètement. Avec un gros couteau, réduisez la chair en tout petits dés.

Dans une poêle, faites revenir les oignons émincés dans l'huile d'olive. À mi-cuisson, ajoutez le poivron et en fin de cuisson, l'ail.

Rincez les haricots, égouttez les champignons dans une passoire, videz le jus des tomates.

Dans une casserole, versez successivement le contenu de la poêle, les haricots, les champignons et les tomates. Mélangez, salez et poivrez. Ajoutez la purée de tomate, le concentré de tomate, le cumin, le chili, l'origan, le chocolat en poudre et le piment de Cayenne. Versez le vin jusqu'à couvrir totalement l'ensemble des ingrédients. Laissez cuire à feu très doux pendant 20 à

25 minutes. Rectifiez l'assaisonnement. Pour le corser, ajoutez un peu plus de chili et de cumin.

Servez chaud dans des assiettes creuses.

Tomates farcies végétariennes

Temps de préparation : 15 minutes
Temps de cuisson : 1 h 10
Ingrédients pour 4 personnes

- 8 tomates
- 2 oignons
- 3 gousses d'ail
- 1 grosse boîte de champignons de Paris (environ 400 g égouttés)
- 250 g de tofu
- Huile d'olive
- 2 cuillerées à soupe de persil haché
- 3 blancs d'œufs
- 1 pincée d'herbes de Provence
- Sel, poivre

Ouvrez le dessus des tomates, évidez-les à l'aide d'une petite cuillère et réservez la chair dégagée en l'égouttant dans une passoire. Épépinez au maximum. Retournez les tomates et laissez-les égoutter.

Pelez les oignons et l'ail. Émincez les oignons et hachez l'ail.
Égouttez les champignons, puis coupez-les très finement. Hachez le tofu.

Faites chauffer 1 cuillerée à soupe d'huile d'olive dans une grande poêle. Laissez revenir les oignons jusqu'à ce qu'ils soient bien moelleux. Ajoutez l'ail en fin de cuisson. Mélangez. Incorporez le tofu haché et continuez la cuisson pendant 2 minutes en remuant. Versez les champignons et le persil. Laissez cuire pendant 1 à 2 minutes pour que l'humidité des champignons s'évapore. Ajoutez enfin la chair des tomates. Laissez cuire encore 2 minutes en remuant à la spatule. Salez, poivrez. Réservez dans un saladier en laissant refroidir. Préchauffez le four à 180 °C (th. 6).

Mélangez les blancs d'œufs à la préparation précédente pour réaliser la farce.

Remplissez les tomates évidées avec la farce.
Disposez les tomates farcies dans un plat huilé à l'huile d'olive. Arrosez d'huile d'olive et parsemez les herbes de Provence sur le dessus. Enfournez et laissez cuire pendant environ 1 heure.

Tofu aux lentilles vertes

Temps de préparation : 5 minutes
Temps de cuisson : 45 minutes
Ingrédients pour 4 personnes

- 250 g de lentilles vertes du Puy
- 75 cl environ de bouillon de légumes
- 1 bouquet garni
- 1 oignon
- 1/2 cuillerée à soupe d'huile d'olive
- 400 g de tofu
- 1 cuillerée à soupe de sauce soja tamari
- Sel, poivre

Dans une casserole, plongez les lentilles dans trois fois leur volume en bouillon de légumes. Ajoutez le bouquet garni. Laissez cuire 40 minutes à petit feu. Salez légèrement.

Pelez et émincez l'oignon. Faites revenir à feu doux dans une poêle avec de l'huile d'olive. Ajoutez aux lentilles.

Quand les lentilles sont cuites, salez et poivrez.

Coupez le tofu en cubes de 2 à 3 cm de côté.

Dans la poêle de cuisson des oignons, ajoutez si nécessaire un peu d'huile d'olive et faites dorer à feu vif les cubes de tofu pendant 2 à 3 minutes. En fin de cuisson, versez la sauce soja et déglacez à la spatule.

Servez les lentilles dans des assiettes creuses individuelles. Disposez les cubes de tofu sur le dessus avec leur sauce. Ajoutez éventuellement un filet d'huile d'olive.

Divers

Endives au roquefort

Temps de préparation : 10 minutes
Ingrédients pour 4 personnes

- 5 brins de ciboulette
- 5 radis
- 150 g de roquefort
- 100 g de fromage de chèvre frais
- 2 endives
- Poivre

Hachez les brins de ciboulette et les radis.

Mélangez à la fourchette les deux fromages, la ciboulette et les radis hachés. Poivrez et mélangez.

Garnissez les feuilles d'endive avec ce mélange.

Concombre aux anchois

Temps de préparation : 15 minutes
Temps de cuisson : 6 minutes
Temps de réfrigération : 1 heure
Ingrédients pour 4 personnes

- 8 œufs de caille
- 1 concombre
- 1 boîte d'anchois (120 g)

Faites durcir les œufs de caille pendant 6 minutes dans l'eau bouillante. Passez-les sous l'eau froide. Écalez-les et fendez-les en deux.

Coupez le concombre en deux dans le sens de la longueur. Évidez avec une petite cuillère pour ne garder que la chair. Détaillez en morceaux de 3 cm de long.

Plantez une pique à travers un demi-œuf, puis ajoutez un morceau de concombre côté arrondi pour qu'il puisse tenir debout. Enfilez l'anchois autour, au-dessus du jaune d'œuf.

Cubes de tortilla au thon

Temps de préparation : 15 minutes
Temps de cuisson : 40 minutes
Ingrédients pour 4 personnes

- 1 boîte de thon au naturel de 120 g
- 12 olives noires
- 1/2 yaourt entier
- 1 cuillerée à soupe de concentré de tomate
- 3 œufs entiers
- Huile d'olive pour le moule
- Sel, poivre

Préchauffez le four à 180 °C (th. 6).

Égouttez le thon et émiettez-le à la fourchette. Hachez les olives noires. Mélangez le yaourt et le concentré de tomate.

Battez les œufs en omelette. Ajoutez les miettes de thon, les olives noires et le concentré de tomate au yaourt. Salez, poivrez.

Versez le tout dans un plat à gratin huilé. Faites cuire au bain-marie au four pendant une quarantaine de minutes. Laissez refroidir. Placez au réfrigérateur de 3 à 5 heures.

Découpez la tortilla en cubes de 2 cm de côté et plantez-y une pique en bois.

Ratatouille Montignac

Temps de préparation : 30 minutes
Temps de cuisson : 2 à 3 heures
Ingrédients pour 5 personnes

- 3 poivrons rouges
- Huile d'olive
- 4 aubergines
- 5 oignons moyens
- Herbes de Provence

- 250 g de purée de tomate
- 100 g de concentré de tomate
- Sel, poivre

Préchauffez le four à 130 °C (th. 4/5).
Coupez les poivrons en deux dans le sens de la hauteur. Évidez-les complètement. Placez-les partie convexe en haut sur la lèchefrite légèrement huilée. Enfournez pendant 2 heures à 2 h 30, jusqu'à ce que la peau se détache.

Coupez les aubergines en cubes de 2 à 3 cm de côté, faites-les cuire à la vapeur 40 à 45 minutes. Les morceaux sont cuits quand ils sont très moelleux, voire mous, et qu'ils ont pris une couleur marron. Placez dans une grande passoire et laissez égoutter pendant au moins 2 heures.

Pendant ce temps, épluchez et émincez les oignons. Faites-les fondre à feu doux dans 3 cuillerées à soupe d'huile d'olive. Salez, poivrez et ajoutez quelques pincées d'herbes de Provence.
Pelez délicatement les poivrons avec la pointe d'un couteau. Coupez la chair en gros morceaux et réservez.

Dans un grand faitout, versez les aubergines égouttées. Ajoutez les oignons, les poivrons, la purée de tomate et le concentré de tomate. Versez 3 cuillerées à soupe d'huile d'olive. Salez, poivrez. Mélangez jusqu'à ce que

l'ensemble devienne bien homogène. Réchauffez à feu très doux ou au four à micro-ondes.
Servez chaud en accompagnement d'une viande ou d'un poisson ou encore froid comme entrée avec un filet d'huile d'olive et quelques feuilles de basilic.

Tian à la provençale

Temps de préparation : 20 minutes
Temps de cuisson : 1 heure
Temps de réfrigération : 1 heure
Ingrédients pour 4 personnes

- 4 aubergines
- 3 oignons
- Huile d'olive
- 4 courgettes
- 8 tomates
- 3 cuillerées à café d'ail semoule
- 4 à 5 brins de persil
- 2 cuillerées à café d'herbes de Provence
- Une dizaine de feuilles de basilic
- Sel, poivre

Détaillez les aubergines en rondelles de 1 cm d'épaisseur. Faites-les cuire 15 minutes dans un cuit-vapeur, puis laissez-les égoutter.

Émincez les oignons et faites-les légèrement blondir dans une sauteuse avec 2 cuillerées à soupe d'huile d'olive. Coupez les courgettes en rondelles et faites-les revenir dans la sauteuse avec les oignons en ajoutant un peu d'huile.

Préchauffez le four à 170 °C (th. 5/6). Coupez les tomates en rondelles et épépinez-les.

Huilez un plat à gratin, alternez les rondelles d'aubergine, les courgettes aux oignons et les tomates. Terminez par des tomates. Saupoudrez d'ail semoule, de persil haché et d'herbes de Provence. Salez, poivrez et arrosez de quelques filets d'huile d'olive. Enfournez pendant 40 à 45 minutes.

Au moment de servir, parsemez de feuilles de basilic et ajoutez un filet d'huile d'olive.

Mange-tout aux petits lardons

Temps de préparation : 10 minutes
Temps de cuisson : 25 minutes
Temps de réfrigération : 1 heure
Ingrédients pour 4 personnes

- 500 g de mange-tout
- 3 cuillerées à soupe d'huile d'olive
- 100 g de lardons naturels
- 100 g de lardons fumés
- Sel, poivre

Coupez les extrémités des mange-tout. Passez-les sous l'eau pour les laver, puis laissez-les égoutter.

Faites chauffer l'huile d'olive dans une grande poêle. Versez les mange-tout. Couvrez. Laissez suer à petit feu. Remuez toutes les 2 minutes.

Dans une autre poêle antiadhésive, faites fondre les petits lardons en évitant de les griller.

Lorsque les pois sont cuits (ils doivent être moelleux), salez et poivrez. Ajoutez les lardons et mélangez. Continuez la cuisson pendant 4 à 5 minutes à découvert et à petit feu, en remuant régulièrement. Servez en accompagnement d'une viande ou en entrée.

Sauce tomate à la bolognaise

Temps de préparation : 20 minutes
Temps de cuisson : 20 minutes
Ingrédients pour 4 personnes

- 8 belles tomates
- 3 et 1/2 cuillerées à soupe d'huile d'olive
- 150 g de lardons allumettes
- 400 g de viande de bœuf hachée
- 4 oignons émincés
- 4 gousses d'ail hachées
- 100 g de champignons de Paris émincés
- 5 cuillerées à café de concentré de tomate
- 15 cl de vin rouge
- 15 cl de bouillon de poule (extrait dégraissé)
- 1 pincée de muscade
- 1 bouquet garni (thym, laurier, persil)
- 1 yaourt nature
- Sel, poivre

Plongez les tomates 40 secondes dans l'eau bouillante puis dans l'eau froide. Pelez-les, épépinez-les et concassez-les. Laissez-les ensuite égoutter.

Versez 1/2 cuillerée à soupe d'huile d'olive dans une grande poêle et faites-y légèrement dorer les lardons. Ajoutez ensuite la viande de bœuf, en la séparant régulièrement à la fourchette. Assaisonnez et réservez.

Dans une sauteuse, versez 3 cuillerées à soupe d'huile d'olive et faites suer à petit feu les oignons puis l'ail. Ajoutez les champignons. Incorporez ensuite la viande, les tomates, le concentré de tomate, le vin rouge, le bouillon de poule, la pincée de muscade et le bouquet garni. Mélangez l'ensemble et faites cuire à couvert à petit feu pendant 15 minutes.

Ajoutez le yaourt, puis laissez réduire la sauce à découvert sur feu doux en mélangeant régulièrement. Rectifiez l'assaisonnement.

Sauce tomate au basilic

Temps de préparation : 5 minutes
Temps de cuisson : 15 minutes
Ingrédients pour 4 personnes

- 400 g de purée de tomate
- 3 cuillerées à café d'ail semoule sec
- 2 cuillerées à soupe de basilic sec
- 1 cuillerée à soupe d'extrait de tomate
- 1 yaourt à 0 %
- 2 pincées d'herbes de Provence en poudre
- Quelques feuilles de basilic frais (pour la décoration)
- Sel, poivre

Dans une casserole, versez le contenu d'une brique de purée de tomate. Ajoutez l'ail semoule, le basilic sec, l'extrait de tomate, le yaourt à 0 % et les herbes de Provence. Salez et poivrez.

Faites chauffer au bain-marie pendant 15 minutes tout en remuant. Rectifiez l'assaisonnement si nécessaire, décorez de basilic et servez.

* Cette sauce tomate au basilic sans graisses est parfaite en phase I et peut être utilisée pour accompagner des spaghettis ou du riz dans un repas glucido-protéique.

Tapenade provençale

Temps de préparation : 15 minutes
Temps de réfrigération : 2 à 3 heures
Ingrédients pour 4 personnes

- 4 gousses d'ail
- 10 filets d'anchois à l'huile d'olive
- 300 g d'olives noires
- 100 g de câpres au vinaigre
- 1/2 bouquet de thym
- Huile d'olive
- Poivre

Hachez l'ail puis écrasez au mortier (ou au presse-ail). Coupez les filets d'anchois en petits morceaux. Pilez l'anchois avec l'ail tout en ajoutant l'huile du bocal d'anchois.

Dénoyautez les olives noires. Hachez-les finement au couteau.

Égouttez les câpres et coupez-les très fin.

Effeuillez le thym et hachez-le finement.

Ajoutez dans le mortier (ou dans le bol) les olives, les câpres, le thym. Pilez pour obtenir une pâte homogène, tout en versant un filet d'huile d'olive. Poivrez. Versez la tapenade dans un bol et couvrez de film alimentaire. Laissez reposer 2 à 3 heures au réfrigérateur.

Desserts

Flan aux pêches

Temps de préparation : 15 minutes
Temps de cuisson : 50 minutes
Ingrédients pour 4 personnes

- 2 boîtes de pêches au naturel de 1 kg chacune
- 25 cl de crème liquide entière
- 8 œufs entiers
- 50 g de fructose
- 4 cl de rhum ou de cognac
- 3 cuillerées à café d'extrait de vanille

Préchauffez le four à 170 °C (th. 5/6).

Égouttez les morceaux de pêche pour les débarrasser complètement du sirop de la boîte. Mixez les pêches de l'une des deux boîtes (ou hachez-les en tout petits morceaux). Disposez les autres dans le fond d'un moule à manqué ; réservez-en quelques-unes.

Montez la crème fraîche en chantilly (pour la réussir, la crème et le batteur doivent être très froids).

Dans un grand bol, battez les œufs en omelette. Ajoutez la purée de pêche, le fructose, le rhum (ou le cognac) et la vanille. Battez au fouet. Intégrez la crème chantilly en procédant délicatement avec la spatule. Versez la préparation dans le moule sur les morceaux de pêche. Répartissez les pêches restantes sur le dessus. Enfournez et faites cuire pendant 45 à 50 minutes.

Vérifiez la cuisson en enfonçant la pointe d'un couteau dans le gâteau. Si la lame ressort sèche, il est cuit.

Laissez refroidir avant de servir.

Fondant au chocolat amer

Temps de préparation : 25 minutes
Temps de cuisson : 15 minutes
Ingrédients pour 4 personnes

- 2 cuillerées à café de café soluble
- 300 g de chocolat noir amer à 70 % de cacao
- 5 cl de rhum
- 1 orange non traitée
- 6 gros œufs frais bio
- 1 pincée de sel

Faites un fond de tasse de café fort avec le café soluble.

Dans une casserole, déposez le chocolat coupé en morceaux, ajoutez le café et le rhum. Faites chauffer au bain-marie. Remuez avec une cuillère en bois pour bien mélanger le tout. Dès que le chocolat a la consistance d'une crème épaisse et onctueuse, ôtez la casserole du bain-marie.

Râpez le zeste de l'orange en n'utilisant que la partie superficielle de la peau. Jetez la moitié du zeste dans le chocolat fondu et mélangez. Séparez les œufs. Montez les blancs en neige bien ferme (après y avoir mis 1 pincée de sel). Préchauffez le four à 250 °C (th. 8/9).

Versez le chocolat fondu dans le saladier où se trouvent les jaunes. Mélangez jusqu'à l'obtention d'une crème homogène. Incorporez cette crème aux blancs et mélangez délicatement de bas en haut avec une spatule en caoutchouc, jusqu'à ce qu'il ne reste plus de particules de blancs d'œufs. Vérifiez que du chocolat non mélangé n'est pas retombé dans le fond du récipient.

Tapissez un moule antiadhésif de papier sulfurisé. Versez la préparation. Saupoudrez du reste de zeste. Enfournez après avoir vérifié que le four est à la bonne température. Laissez cuire seulement 8 minutes. Retirez du four, même si vous avez l'impression qu'il n'est pas assez cuit. Laissez refroidir.
Servez nature ou accompagné d'une crème anglaise.

Mousse au chocolat

Temps de préparation : 25 minutes
Temps de cuisson : 10 minutes
Temps de réfrigération : 6 heures au moins
Ingrédients pour 4 personnes

- 2 cuillerées à café de café soluble
- 300 g de chocolat noir amer à 70 % de cacao
- 5 cl de rhum
- 1 orange non traitée
- 6 gros œufs frais bio
- 1 pincée de sel

Faites un fond de tasse de café fort avec le café soluble. Dans une casserole au bain-marie, faites fondre le chocolat, le café et le rhum. Remuez avec une cuillère en bois pour bien mélanger le tout. Dès que le chocolat a la consistance d'une crème épaisse et onctueuse, ôtez la casserole du bain-marie.

Râpez le zeste de l'orange en n'utilisant que la partie superficielle de la peau. Jetez la moitié du zeste dans le chocolat fondu et mélangez.

Séparez les œufs en mettant les jaunes dans un grand saladier. Montez les blancs en neige bien ferme (après y avoir ajouté 1 pincée de sel).

Versez le chocolat fondu dans le saladier où se trouvent les jaunes. Mélangez jusqu'à l'obtention d'une crème homogène. Incorporez cette crème aux blancs et mêlez délicatement de bas en haut avec une spatule en caoutchouc, jusqu'à ce qu'il ne reste plus de particules de blancs d'œufs. Vérifiez que du chocolat non mélangé n'est pas retombé dans le fond du récipient.

Gardez la mousse dans le saladier – dans ce cas, essuyez proprement les bords –, reversez-la dans un compotier ou encore remplissez des ramequins individuels. Saupoudrez du reste des zestes d'orange puis réservez au réfrigérateur au moins 6 heures.

Bavarois aux fruits rouges

* À faire la veille
Temps de préparation : 20 minutes
Temps de cuisson : 5 minutes
Temps de réfrigération : 12 heures
Ingrédients pour 4 personnes

- 20 g de gélatine en feuilles
- 100 g de fructose
- 600 g de fruits rouges (framboises, fraises, cassis, myrtilles)
- 25 cl de crème fraîche
- 1 petit bouquet de menthe (pour le décor)

Placez la gélatine dans un bol d'eau froide.

Dans une casserole, faites chauffer 6 cl d'eau avec le fructose. Laissez cuire à petit feu jusqu'à l'obtention d'un liquide sirupeux.

Pressez la gélatine à la main pour bien l'essorer. Ajoutez-la au sirop de fructose. Laissez fondre en mélangeant l'ensemble. Versez dans une tasse et réservez.

Après avoir lavé et préparé les fruits, mixez-les pour les réduire en purée. Incorporez le sirop.

Montez la crème fraîche en chantilly bien ferme (pour la réussir, la crème et le batteur doivent être très froids).
Incorporez la purée de fruits au sirop à la chantilly en mélangeant délicatement.

Versez ce mélange dans un moule à charlotte à revêtement antiadhésif. Laissez prendre au réfrigérateur pendant une nuit. Démoulez avant de servir et décorez de feuilles de menthe.

Gâteau au fromage frais corse

Temps de préparation : 25 minutes
Temps de cuisson : 40 minutes
Ingrédients pour 4 personnes

- 250 g de fromage frais corse brocciu (à défaut, du fromage frais de chèvre ou de brebis)
- 1 citron jaune non traité
- 3 œufs
- 60 g de fructose
- 1 pincée de sel
- Huile d'olive pour le moule

Préchauffez le four à 180 °C (th. 6).

Égouttez le fromage dans un tamis.

Prélevez 4 fins zestes de citron de 5 à 6 cm de long. Plongez-les dans une petite casserole d'eau bouillante et laissez blanchir 3 minutes. Égouttez puis hachez très finement.

Séparez les blancs des jaunes d'œufs en les mettant dans des saladiers différents. Ajoutez le fructose aux jaunes. Fouettez jusqu'à obtenir un mélange bien crémeux. Écrasez le fromage à la fourchette dans une assiette. Incorporez-le aux jaunes d'œufs en ajoutant le zeste de citron haché. Remuez pour obtenir un mélange homogène.

Ajoutez le sel aux blancs d'œufs puis montez-les en neige au fouet électrique jusqu'à ce qu'ils soient bien fermes. Incorporez délicatement les œufs en neige au mélange avec une spatule.

Huilez le moule avec de l'huile d'olive. Versez la préparation dans le moule. Enfournez et laissez cuire pendant 35 minutes. Vérifiez la cuisson en enfonçant un couteau pointu : la lame doit ressortir sèche. Laissez tiédir avant de démouler.

Compote à l'ancienne

Temps de préparation : 20 minutes
Temps de cuisson : 6 minutes
Temps de trempage : 1 heure
Ingrédients pour 4 personnes

- 50 g de pruneaux dénoyautés
- 3 oranges non traitées
- 4 abricots
- 2 pêches jaunes
- 200 g de raisin noir
- 200 g de raisin blanc
- 10 cl de vin doux (monbazillac)
- 40 g de fructose
- 1/4 de cuillerée à soupe de cannelle en poudre
- 35 g de yaourt grec nature
- 40 g de pistaches hachées (pour le décor)

Faites tremper les pruneaux dans un bol d'eau pendant au moins 1 heure. Égouttez-les.

Avec un couteau zesteur, prélevez de fins zestes d'une orange. Pelez 1 orange et prélevez les quartiers en les débarrassant de toute leur peau. Récupérez le jus des deux autres oranges.

Lavez les abricots. Coupez-les en deux et dénoyautez-les. Plongez les pêches dans l'eau bouillante pendant quelques secondes. Pelez-les, enlevez le noyau et détaillez en tranches. Rincez les raisins et séchez-les.

Dans une casserole, placez les pêches, les abricots, les raisins, les pruneaux et les quartiers d'orange. Ajoutez le jus d'orange, le vin doux, le fructose et la cannelle. Portez à ébullition puis couvrez et laissez mijoter 5 minutes.

Sortez tous les fruits avec l'écumoire et faites réduire le jus en sirop. Dans un bol, mélangez le sirop au yaourt.

Répartissez la compote dans quatre assiettes creuses. Nappez de yaourt.

Décorez avec le zeste d'orange et les pistaches hachées.

Mousse aux pruneaux

Temps de préparation : 15 minutes
Temps de trempage : 1 heure
Temps de réfrigéation : 2 heures
Ingrédients pour 4 personnes

- 1 sachet de thé
- 200 g de pruneaux dénoyautés
- 5 cl de cognac
- 8 petits-suisses ou 400 g de fromage de chèvre frais
- 10 cl de crème fraîche allégée liquide
- 1 cuillerée à café d'extrait naturel de vanille
- 30 g de fructose
- 50 g d'amandes concassées
- 1 orange non traitée (pour le décor)

Préparez une tasse de thé fort. Placez les pruneaux dans un bol et versez le thé et le cognac. Laissez infuser environ 1 heure.

Égouttez les pruneaux. Mixez-les pour en faire une purée.

Démoulez les petits-suisses (ou le fromage de chèvre) dans un bol. Ajoutez la crème liquide, l'extrait de vanille et le fructose. Fouettez jusqu'à ce que le mélange devienne légèrement mousseux. Incorporez la purée de pruneaux et les amandes concassées. Mélangez bien.

Versez la mousse dans des coupelles et réservez au réfrigérateur 2 heures.

Décorez de zestes d'orange.

Parfait au chocolat, aux framboises et à la pistache

Temps de préparation : 30 minutes
Temps de cuisson : 20 minutes
Temps de congélation : 4 heures
Ingrédients pour 4 personnes

Pour la garniture de fruits

- 50 g de fructose
- 250 g de framboises fraîches
- 50 g de pistaches décortiquées concassées et grillées
- 2 cuillerées à café d'extrait naturel de vanille

Pour la mousse de parfait au chocolat

- 200 g de chocolat noir amer à plus de 70 % de cacao
- 30 g de fructose
- 4 cl de rhum
- 4 jaunes d'œufs
- 25 g de crème fraîche liquide (à 35 % de MG)

Dans une casserole, versez 50 g de fructose et 6 cl d'eau. Portez à ébullition jusqu'à ce que le sirop épaississe. Ajoutez les framboises, les pistaches et la vanille. Faites chauffer un peu plus de 5 minutes puis retirez du feu. Laissez refroidir et réservez au réfrigérateur.

Cassez le chocolat en petits morceaux dans un grand bol. Placez au-dessus d'une casserole d'eau frémissante et faites fondre le chocolat au bain-marie.

Dans une casserole, versez 30 g de fructose et le rhum. Laissez chauffer jusqu'à l'obtention d'un sirop épais.

Pendant ce temps, fouettez les jaunes d'œufs pour les blanchir. Continuez à fouetter tout en versant le sirop au rhum en filet. Fouettez ensuite avec le batteur à grande vitesse pendant 4 à 5 minutes. Intégrez le chocolat fondu.

Montez la crème fraîche en chantilly, et incorporez-la délicatement à la préparation précédente avec une spatule. Ajoutez les fruits et mélangez.

Versez le tout dans un moule tapissé de papier sulfurisé. Rabattez le papier sur la préparation et réservez au congélateur 4 heures au minimum.

Pour démouler, enlevez le papier sulfurisé et détaillez le parfait en tranches.

Sabayon de fruits aux amandes

Temps de préparation : 30 minutes
Temps de cuisson : 12 minutes
Ingrédients pour 4 personnes

- 4 pêches jaunes
- 500 g de fraises
- 8 abricots
- 250 g de framboises (réservez-en 4 pour la décoration)
- 5 jaunes d'œufs
- 50 g de fructose
- 4 cl de cognac
- 100 g de crème fraîche
- 50 g de poudre d'amande
- 3 cuillerées à soupe d'amandes effilées
- Huile d'olive pour les moules

Ébouillantez les pêches pendant quelques secondes. Pelez-les et ôtez les noyaux. Détaillez-les en gros dés. Enlevez le pédoncule des fraises et coupez-les en morceaux (gardez-en quelques-unes pour la décoration). Ouvrez les abricots, ôtez les noyaux et découpez en grosses lamelles. Rincez les framboises.

Huilez quatre plats à gratin individuels et répartissez tous les fruits dedans.

Faites chauffer de l'eau dans une grande casserole. Placez les jaunes d'œufs dans une jatte supportant la chaleur. Ajoutez 30 g de fructose et le cognac. Battez au fouet jusqu'à ce que le mélange blanchisse. Posez la jatte au-dessus de la casserole d'eau bouillante. Continuez à fouetter pour obtenir une crème épaisse. Retirez du bain-marie et incorporez la crème fraîche et la poudre d'amande en fouettant.

Recouvrez les fruits de cette préparation. Allumez le gril du four.

Saupoudrez la surface de la crème avec le fructose restant. Parsemez d'amandes effilées. Enfournez les plats à gratin le plus près possible du gril. Laissez dorer environ 2 à 3 minutes en les surveillant pour les retirer à temps.

Décorez de fraises et de framboises, servez aussitôt.

Gâteau au fromage de chèvre

Temps de préparation : 15 minutes
Temps de cuisson : 40 minutes
Ingrédients pour 4 personnes

- 1 citron non traité
- 3 œufs entiers + 1 jaune
- 70 g de fructose
- 250 g de fromage de chèvre frais
- 100 g de crème fraîche
- 50 g de yaourt épais nature
- 1 cuillerée à café d'extrait naturel de vanille
- Huile d'olive pour le moule

Râpez les zestes du citron.

Séparez les blancs des jaunes d'œufs et montez les blancs en neige.

Huilez un moule à manqué. Préchauffez le four à 160 °C (th. 5/6).

Dans un saladier, fouettez les 4 jaunes d'œufs et le fructose jusqu'à ce que le mélange blanchisse. Ajoutez le fromage de chèvre frais, la crème fraîche, le yaourt, les zestes de citron et la vanille. Mélangez bien.

Incorporez délicatement à la spatule les blancs battus en neige.

Versez dans le moule. Enfournez et laissez cuire pendant 35 à 40 minutes.

Servez tiède ou froid avec un coulis de framboise.

Cake aux trois fruits

Temps de préparation : 1 heure
Temps de macération : 1 heure
Temps de cuisson : 45 minutes
Ingrédients pour 4 personnes

- 300 g de figues sèches
- 200 g de pruneaux dénoyautés
- 200 g d'abricots secs
- 10 cl de rhum
- 50 g de noisettes entières
- 50 g d'amandes entières
- 100 g de poudre d'amande
- 50 g de poudre de noisette
- 1/2 cuillerée à café de cannelle
- 25 cl de crème fraîche allégée
- 3 œufs entiers + 1 blanc
- Huile d'olive pour le moule

Coupez les figues, les pruneaux et les abricots en tout petits morceaux et faites-les mariner dans le rhum pendant 1 heure.

Préchauffez le four à 160 °C (th. 5/6).

Écrasez les noisettes et les amandes en miettes grossières. Versez dans un saladier puis ajoutez les poudres d'amande et de noisette, la cannelle et la crème fraîche. Mélangez avec une spatule.

Fouettez les œufs entiers avec le blanc et versez dans le saladier. Incorporez les fruits marinés sans le jus et mélangez le tout.
Huilez un moule à cake. Versez toute la préparation dans le moule. Enfournez et faites cuire pendant 45 minutes environ. Laissez tiédir avant de démouler.

* Ce gâteau peut être dégusté nature, avec une crème anglaise vanillée ou en accompagnement de fromage frais.

* Ce cake est idéal pour le petit déjeuner du sportif.

Clafoutis aux framboises

Temps de préparation : 15 minutes
Temps de cuisson : 30 minutes
Ingrédients pour 4 personnes

- 3 œufs entiers
- 125 g de crème fraîche allégée
- 30 g de fructose (+ un peu pour le moule)
- 4 cl d'eau-de-vie de framboise (de rhum ou de cognac, ou encore 1/2 cuillerée à café d'extrait naturel de vanille)
- 300 g de framboises
- Huile d'olive pour le moule

Préchauffez le four à 180 °C (th. 6).

Cassez les œufs dans un saladier. Ajoutez la crème et le fructose. Battez jusqu'à ce que le mélange soit bien homogène. Versez l'eau-de-vie de framboise et mélangez à nouveau.

Huilez un plat à gratin et saupoudrez légèrement les parois du plat avec du fructose.

Disposez les framboises dans le fond du plat et recouvrez de pâte.

Enfournez et faites cuire 25 à 30 minutes.

Servez tiède ou froid avec éventuellement une glace au fructose.

Soupe de pêches au vin moelleux

* À faire la veille
Temps de préparation : 15 minutes
Temps de réfrigération : 12 heures
Ingrédients pour 4 personnes

- 4 grosses pêches jaunes
- 2 grosses pêches blanches
- 1 bouquet de menthe fraîche
- 1 verre de monbazillac, barsac ou pacherenc, glacé
- 4 cuillerées à café de fructose

Plongez les pêches dans l'eau bouillante. Passez-les sous l'eau froide et pelez-les. Réservez les pêches jaunes au frais.

Coupez les pêches blanches en morceaux et mixez-les avec une douzaine de belles feuilles de menthe fraîche. Ajoutez le verre de vin moelleux et le fructose. Passez le tout au tamis pour lui faire rendre une partie de son humidité. Récupérez la purée dans un bol et laissez refroidir une nuit au réfrigérateur.

Détaillez les pêches jaunes en cubes et disposez-les dans le fond de verres aux bords évasés. Versez dessus la soupe de pêches préparée la veille et décorez de menthe fraîche.

Gâteau aux abricots

Temps de préparation : 15 minutes
Temps de cuisson : 50 minutes
Temps de réfrigération : 1 heure
Ingrédients pour 4 personnes

- 600 g d'abricots
- 4 œufs entiers + 1 jaune
- 70 g de fructose
- 25 cl de crème fraîche allégée
- Huile d'olive pour le moule

Préchauffez le four à 170 °C (th. 5/6). Huilez le plat de cuisson (de préférence un plat métallique rond antiadhésif).

Coupez les deux tiers des abricots en deux pour enlever le noyau. Posez les demi-abricots dans le fond du plat côté bombé vers le bas. Enfournez 10 minutes.

Détaillez le reste des abricots en morceaux. Mixez-les pour les réduire en purée.

Dans un bol, battez les œufs entiers et le jaune. Ajoutez le fructose, la crème fraîche, la purée d'abricot et le jus de cuisson des abricots sortis du four. Mélangez bien.

Versez le tout sur les abricots précuits restés au fond du plat.

Enfournez, et laissez cuire 35 à 40 minutes. Vérifiez la cuisson en enfonçant la lame d'un couteau pointu. Si elle ressort sèche, le gâteau est cuit.

Gâteau de nectarines aux amandes

Temps de préparation : 5 minutes
Temps de cuisson : 40 minutes
Temps de réfrigération : 1 heure
Ingrédients pour 4 personnes

- 5 nectarines blanches
- 5 cuillerées à soupe de fructose
- 5 œufs entiers
- 125 g de poudre d'amande
- 1 yaourt épais (au lait entier)
- 1/2 cuillerée à café d'extrait naturel de vanille
- 40 g d'amandes effilées

Préchauffez le four à 170 °C (th. 5/6).

Ouvrez les nectarines en deux et dénoyautez-les. Coupez-les en 6 quartiers. Disposez en vrac dans un plat à gratin allant au four à micro-ondes. Saupoudrez avec 1 cuillerée à soupe de fructose. Mélangez. Faites précuire 3 minutes au four à micro-ondes.

Dans un bol, battez les œufs en omelette. Ajoutez la poudre d'amande, le yaourt, 4 cuillerées à soupe de fructose et la vanille. Mélangez au fouet.

Versez sur les nectarines dans le plat à gratin. Répartissez les amandes effilées sur le dessus. Enfournez et laissez cuire 40 minutes.

Cinq minutes avant de sortir le plat du four, allumez le gril pour dorer les amandes.

Laissez refroidir avant de servir.

Index par produits

Abricot
Cake aux trois fruits	189
Compote à l'ancienne	182
Gâteau aux abricots	192
Sabayon de fruits aux amandes	186

Agneau
Carré d'agneau aux champignons	151

Aubergine
Aubergines farcies à la provençale	156
Croque-aubergine	140
Gratin d'aubergine aux petits lardons	143
Omelette aux aubergines	153
Ratatouille Montignac	169
Tian à la provençale	170

Avocat
Avocats farcis au thon	97
Crème d'avocat au crabe	77
Soupe d'avocat	79

Bœuf
Bœuf au paprika	150
Entrecôte marchand de vin	146

Onglet sur paillasson d'échalote	149
Sauce tomate à la bolognaise	172

Brocoli
Cabillaud aux brocolis	126
Velouté de brocoli glacé	80

Calmars
Calmars à la provençale	112

Canard
Confit de canard aux pommes	139

Champignon de Paris
Aubergines farcies à la provençale	156
Carré d'agneau aux champignons	151
Champignons farcis	141
Chili végétarien	160
Lotte aux champignons et au vin rouge	121
Saint-Jacques aux champignons	113
Salade gourmande du Sud-Ouest	89
Tomates farcies végétariennes	161

Chocolat
Fondant au chocolat amer	178
Mousse au chocolat	179
Parfait au chocolat, aux framboises et à la pistache	185

Concombre
Concombre aux anchois	167
Mousse de concombre aux crevettes	78
Soupe fraîche de concombre et pomme verte	81

Courgette
Courgettes farcies au crabe	114

Gratin de courgette à la grecque	93
Mille-feuille de courgette	90
Tian à la provençale	170

Crabe

Courgettes farcies au crabe	114
Crème d'avocat au crabe	77

Crevette

Gratinée de crevettes	110
Mousse de concombre aux crevettes	78
Timbales de Saint-Jacques aux gambas	108

Endive

Endives au roquefort	167
Gratin d'endives au jambon	145

Épinards

Lotte aux épinards	129
Salade d'épinards à la sévillane	83

Fenouil

Bar au fenouil	128
Poulet au pastis et au fenouil	138

Foie gras

Foie gras poêlé aux raisins	131
Salade landaise	82
Terrine de foie gras	96

Foies de volaille

Foies de volaille à la provençale	137
Foies de volaille sautés au gingembre	134

Fromage

Gâteau au fromage de chèvre	188

197

Gâteau au fromage frais corse	181
Gratin de courgette à la grecque	93
Mousse de chèvre en salade	86
Poivrons farcis au fromage de brebis	92
Tartare de saumon au chèvre frais	119
Tomates au chèvre chaud	91

Fruits rouges

Bavarois aux fruits rouges	180
Clafoutis aux framboises	190
Parfait au chocolat, aux framboises et à la pistache	185
Sabayon de fruits aux amandes	186

Gingembre

Filet de thon au gingembre	116
Foies de volaille sautés au gingembre	134

Haricots verts

Quinoa à la provençale	99
Salade gourmande du Sud-Ouest	89

Jambon cru

Champignons farcis	141
Piperade basque	152
Salade landaise	82

Langoustine

Bouillabaisse de l'Atlantique	115
Langoustines à la fondue de poireau	107
Scampi à la marinade	109

Lentilles vertes

Côtes de porc aux lentilles vertes	147
Terrine de lentilles vertes	95

Tofu aux lentilles vertes — 162

Magret de canard
Salade gourmande du Sud-Ouest — 89
Salade landaise — 82
Tartare de magret de canard — 103

Moules
Bouillabaisse de l'Atlantique — 115
Salade de spaghettis aux moules — 88

Mozzarella
Mille-feuille de courgette — 90
Mille-feuille de tomate et mozzarella — 94

Œufs
Clafoutis d'oignons — 102
Cubes de tortilla au thon — 168
Omelette andalouse — 155
Omelette aux aubergines — 153
Piperade basque — 152
Tortilla de légumes au chorizo — 154

Olives
Aubergines farcies à la provençale — 156
Filet de saumon à la crème d'olive — 118
Tapenade provençale — 174
Thon à la tomate et aux olives — 124

Pêche
Compote à l'ancienne — 182
Flan aux pêches — 177
Sabayon de fruits aux amandes — 186
Soupe de pêches au vin moelleux — 191

Poireau
Blancs de poireaux à la vinaigrette 87
Filet de saumon en papillotes 123
Langoustines à la fondue de poireau 107
Quiche aux poireaux 101

Poisson
Bar au fenouil 128
Bouillabaisse de l'Atlantique 115
Cabillaud aux brocolis 126
Dorade à l'andalouse 120
Filet de rouget à l'anchoïade 117
Lotte aux champignons et au vin rouge 121
Lotte aux épinards 129
Truites au vin blanc 127

Poivron
Côtes de veau aux deux poivrons 142
Omelette andalouse 155
Poivrons farcis au fromage de brebis 92
Poivrons farcis au riz basmati 158
Ratatouille Montignac 169

Pomme
Confit de canard aux pommes 139
Poulet aux pommes 133
Soupe fraîche de concombre et pomme verte 81

Porc
Brochettes de filet mignon aux pruneaux 148
Côtes de porc aux lentilles vertes 147

Poulet
Blancs de poulet au parmesan 136
Champignons farcis 141

Filet de poulet au curry	135
Poulet au pastis et au fenouil	138
Poulet aux pommes	133

Pruneau

Brochettes de filet mignon aux pruneaux	148
Cake aux trois fruits	189
Compote à l'ancienne	182
Mousse aux pruneaux	184

Quinoa

Quinoa à la provençale	99
Taboulé de quinoa	84

Raisin

Compote à l'ancienne	182
Foie gras poêlé aux raisins	131

Saint-Jacques

Poêlée de Saint-Jacques aux échalotes	111
Saint-Jacques aux champignons	113
Timbales de Saint-Jacques aux gambas	108

Saumon

Brochettes aux deux poissons	130
Filet de saumon à la crème d'olive	118
Filet de saumon en papillotes	123
Saumon mariné à l'aneth	98
Tartare de saumon au chèvre frais	119

Thon

Avocats farcis au thon	97
Brochettes aux deux poissons	130
Cubes de tortilla au thon	168
Filet de thon à la tomate	122

201

Filet de thon au gingembre	116
Salade de rillettes de thon	85
Tartare de thon à l'aïoli	104
Thon à la tomate et aux olives	124

Tofu

Brochettes de tofu	159
Tofu aux lentilles vertes	162
Tomates farcies végétariennes	161

Tomate

Chili végétarien	160
Filet de rouget à l'anchoïade	117
Filet de thon à la tomate	122
Foies de volaille à la provençale	137
Mille-feuille de tomate et mozzarella	94
Omelette andalouse	155
Piperade basque	152
Quinoa à la provençale	99
Ratatouille Montignac	169
Sauce tomate à la bolognaise	172
Sauce tomate au basilic	173
Taboulé de quinoa	84
Thon à la tomate et aux olives	124
Tian à la provençale	170
Tomates au chèvre chaud	91
Tomates farcies végétariennes	161

Veau

Côtes de veau aux deux poivrons	142

Les produits Michel Montignac®

Plus de 180 produits pour manger sain quotidiennement et se faire plaisir sur le plan gustatif.

Michel Montignac a créé une gamme de produits alimentaires exclusifs, spécialement conçus pour mettre en œuvre sa méthode. Tous sont riches en fibres, sans sucre ajouté, conçus à partir de farine intégrale biologique et ont en commun des glucides à index glycémique bas. Ils sont, en outre, sans colorants ni additifs ou amidons modifiés.

Parmi ceux-ci, les spécialités 100 % fruits, les crackers et les pains grillés, les sablés, les chocolats à forte teneur en cacao (70 % et 85 %), les pâtes, les compotes et les coulis.

Les produits Michel Montignac sont diffusés dans plus de 1 000 magasins en France, notamment les épiceries fines, les magasins diététiques et biologiques. Mais on les trouve aussi à l'étranger, dans la plupart des pays européens.

Vous trouverez toutes les informations pour acheter ces produits sur **www.montignac.com**

Les autres livres de Michel Montignac

La Méthode Montignac illustrée, Flammarion, 2006
Je mange, je maigris et je reste mince !, Flammarion, 2004
La Méthode Montignac pour les femmes, Flammarion, 2004
Recettes et menus Montignac, volume 2, J'ai lu, 2004
Recettes et menus Montignac, J'ai lu, 2003
Prévenir et combattre l'obésité chez l'enfant, Flammarion, 2003
Comment maigrir en faisant des repas d'affaires, J'ai lu, 2003
Restez jeune en mangeant mieux, Flammarion, 1996

Bienêtre

8886

Achevé d'imprimer en Espagne
par Litografia Roses
le 28 mai 2010.
1er dépôt légal dans la collection : février 2009.
EAN 9782290015933

Éditions J'ai lu
87, quai Panhard-et-Levassor, 75013 Paris
Diffusion France et étranger : Flammarion